Rudolf Bauer

Koblenz – so wie es war

Rudolf Bauer

KOBLENZ
so wie es war

Droste Verlag Düsseldorf

Redaktion und Layout: Kitty Rehmer
© 1978 Droste Verlag GmbH, Düsseldorf
Gesamtherstellung: Rheinisch-Bergische Druckerei
GmbH & Co. KG, Düsseldorf
ISBN 3-7700-0509-0

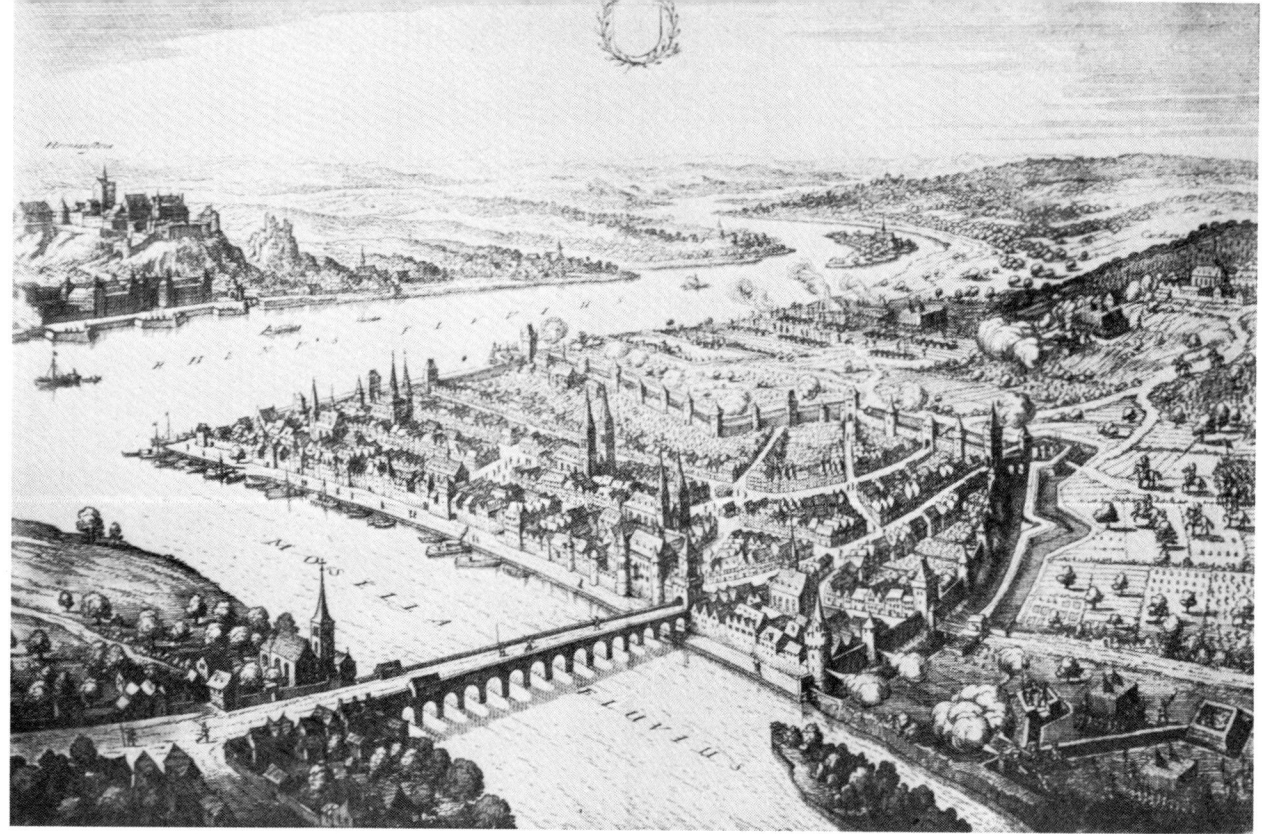

Koblenz in einem Merian-Stich: Belagerung durch die Schweden im Jahr 1632. Seine Eindrücke von der Stadt faßte Merian seinerzeit in folgenden Sätzen zusammen: »Ligt gar luftig auff einem fruchtbaren Boden und hat es auff den Bergen und Hügeln herumb guten Weinwuchs. Die Bürger allda seyn freundlich, höflich auffrichtig.«

Zur Einleitung

Von der Jahrhundertwende bis 1939 – das ist der Zeitraum, der diesem Buch als Thema gegeben ist. Keine 50 Jahre also; ganz nüchtern formuliert: nur etwa zweieinhalb Prozent aus der fast zweitausendjährigen Geschichte der Stadt Koblenz. Was ist das schon?

Aber die Jahre nach 1900 sind in mancherlei Hinsicht wichtig, wenn nicht gar einzigartig: Sie haben politisch und wirtschaftlich umwälzende Ereignisse gebracht; Fortschritt und Unterdrückung; sie erfassen die oft zitierte Friedenszeit vor dem Ersten Weltkrieg, den Krieg, den Versuch einer Revolution, Besatzung, Inflation, die angeblich »goldenen zwanziger Jahre«, den Niedergang der Demokratie; die Gewaltherrschaft der Nationalsozialisten, die an einen neuen Krieg heranführte.

Vor dem Hintergrund dieser Ereignisse gingen die Bürger von Koblenz durch ihr Leben, arbeiteten, feierten und trauerten, stritten sich und versöhnten sich. In der Erinnerung wird das »Damals« für manchen zur goldenen Jugend, zu einer besseren Vergangenheit. Die Konturen verschwimmen; das Bild von der guten alten Zeit entsteht. Die junge Generation aber meldet Zweifel an. Sie glaubt den Älteren nicht ohne weiteres, daß sie und die früheren Jahre besser gewesen seien.

Dieses Buch will in ein Stück Koblenzer Geschichte eindringen, auch in die Atmosphäre der Stadt – so wie sie war. Nicht als wissenschaftliche historische Analyse, aber historisch zuverlässig.

»Koblenz – so wie es war« enthält Geschichte und Geschichten und Geschichtchen. Das Buch soll die Erinnerung an ereignisreiche Jahre wachhalten, an Menschen und Ereignisse, auch an Bauwerke und ihre Bedeutung, an Heiteres und an Ernstes. Es stützt sich auf Erlebtes, Gehörtes, Gesehenes, Erzähltes, auch auf niedergeschriebene Geschichte.

Der Ausbruch des Zweiten Weltkriegs wird nicht erfaßt. Denn dieser Zeitpunkt ist ein Einschnitt von historischen Ausmaßen gewesen. Er hat in seinen Folgen unser Land, die Gesellschaft, die Menschen und ihre Städte – nicht zuletzt Koblenz – verändert. Koblenz konnte nicht wieder so werden, wie es vor 1939 war. Aber das Koblenz von damals soll nicht vergessen werden. Das Buch will dazu beitragen, daß die Zerstörungen, die der Krieg angerichtet hat, nicht zu einem unüberwindlichen Hindernis für die Erinnerung werden.

Bei den Vorarbeiten für dieses Buch habe ich viel Entgegenkommen und Unterstützung erfahren. Ich danke herzlich Dr. Kurt Eitelbach und Günther Fleischhut vom Mittelrhein-Museum; Dr. med. Hans Bellinghausen, der das reiche Material seines Vaters, des früheren Archivdirektors Dr. Hans Bellinghausen, zur Verfügung gestellt hat; dem Chefdramaturgen des Stadttheaters, Fritz Bockius; Ekkehard P. Langner von der Stadtbibliothek; dem Leiter des Städtischen Presseamtes, Karl Oster; Heinrich Wolf sowie vielen Freunden, Dienststellen und Firmen. Sie alle haben durch Fotos, Akten, Erinnerungen und gute Ratschläge zum Gelingen des Buches beigetragen, zu einem Teil es überhaupt erst ermöglicht.

Koblenz zwischen 1900 und 1939

Aus dem Inhalt

● An den Ufern von Rhein und Mosel unterschied sich das Gesicht der Stadt erheblich von dem heutigen. Die Schiffbrücke und international anerkannte Hotels gehörten zur Rheinfront. Schokoladenseite der Stadt: Seiten 9 – 18.

● Die Moselfront war Hafen, Güter-Umschlagplatz, Altstadt; ein derberes, deftiges Gesicht: Seiten 19 – 23.

● Auf dem Plan erlebten viele Koblenzer die Jahrhundertwende. Neun Plätze liegen auf engem Raum zwischen Rhein und Mosel, an einem steht der Schängel-Brunnen: Seiten 41 – 45.

● Originale gehörten zu Koblenz: Andun, Laakes, Otto, Husch-Husch – aber auch andere. Seiten 46 – 48.

● »Hubertus« oder »Zum Karpfen«, »Riesenfürstenhof« oder »Alter Franziskaner«, »Deutscher Kaiser« oder »Alter Fritz«, Altstadtkneipe, Speiselokal oder Hotel der internationalen Klasse – Koblenz bot eine breite Palette der Gastronomie. Seiten 10, 15, 20, 28, 30 – 32, 40, 49.

● Der Markt füllte den ganzen Münzplatz aus. Erinnerungen an Marktfrauen, Bohnäpfel und Reseda, an den Duft und die Farben der Jahreszeiten: Seiten 50 – 51.

● Koblenz war weniger in Viertel eingeteilt, sondern mehr in Straßen; sie ließen Geschichte ahnen. Über Menschen, Häuser, Straßen, Vereine, Singen und Wandern: Seiten 24 bis 40.

● Bornhofen, Maria-Hilf und Arenberg waren Wallfahrtsorte der Koblenzer Katholiken. Seite 63.

● Ein Beispiel für interessante alte Häuser: Wendeltreppe im Geburtshaus der Mutter Ludwig van Beethovens, Maria Magdalena Keverich in Ehrenbreitstein. Häuser innen und außen, einige unwiederbringlich verloren: Seiten 24 – 40.

● Kirchen waren für die Menschen wichtig, und sie bestimmten auch die Silhouette der Stadt; Kastor und Liebfrauen, Florin und Karmeliterkirche, Josef und Herz-Jesu. Erinnerungen an Koblenzer Kirchen: Seiten 52 – 65.

● Albert Homscheid, Dr. Heinrich Chardon, Joh. Metzdorf und Joh. Kunzen waren Pfarrer der vier Hauptkirchen, Dr. Kurt Esser wirkte in der Jugend; Protestanten erinnern sich gern an Pfarrer Winterberg. Seiten 52 – 65.

● Jean Pohl war ein ungewöhnlicher Sänger. Die Kirchenmusik erlebte in den Jahren vor 1939 keine Blütezeit. Ausnahmen: Der Chor an der Jesuitenkirche, das Wirken von Adolf Heinemann und ein wichtiger Beginn in Kastor. Seiten 35, 62, 65.

● Theater und Musik-Institut haben eine bewegte Geschichte. Namen wie Wegener, Böhlke, Willi Birgel, Paul Klinger sind mit der Koblenzer Bühne verbunden. 1901 wurde die Festhalle ihrer Bestimmung übergeben; Julius Wegeler hatte den Bau angeregt und ermöglicht. Seiten 82 bis 86.

● Martinszug, Kirmes, Meß – Kleine Feste einer alten Stadt: Seiten 88 – 89.

● Ehrenbreitstein hat sich das Bewußtsein einer eigenen Geschichte und die Erinnerungen an die frühere kulturelle Bedeutung für Mittelrhein und Mosel bewahrt. Zum Dahl gehört der Dähler Born. Seiten 91, 92.

● Das Kaiserin-Augusta-Gymnasium (nach dem Zweiten Weltkrieg Görres-Gymnasium) trug die Tradition der Jesuitenschule. Erinnerungen an Schulen und Lehrer sowie an die Anfänge des Sports: Seiten 94 – 96.

● Koblenz war Zentrale des Weinhandels und eine weithin beachtete Stadt der Sekt- und Bierproduktion. Im übrigen war das Wirtschaftsleben in erster Linie von Handel und Handwerk bestimmt. – Bier und Wein und eine Sirene: Seiten 97 – 98.

● Zu Koblenz gehörte das bäuerliche Umland. Das war im Straßenbild unübersehbar. Arzheim ist ein Beispiel für die vielen Dörfer in der Nachbarschaft, in denen die ländlichen Geräusche und Gerüche wahrzunehmen waren. Seiten 36, 37 und 98.

● Moselweiß und Güls waren mit Koblenz traditionell eng verbunden. Güls wurde Pfingsten 1932 von einem schweren Unwetter heimgesucht. Seite 99.

● Hinter Horchheim begann Hessen-Nassau. Die ersten Nachbarn mit anderer Sprache lebten in Nieder- und Oberlahnstein. Die Beziehungen zwischen ihnen und Koblenz waren trotz der »Grenze« vielfältig. Seiten 100/101.

● US-General Henry T. Allen ist es zu verdanken, daß die Festung Ehrenbreitstein nach dem Ersten Weltkrieg nicht gesprengt worden ist. Über die amerikanische und französische Besatzungszeit bis 1929: Seiten 69 – 71.

● Die Nationalsozialisten machten Koblenz 1933 zur Gauhauptstadt. Verfolgungen der Juden, Druck auf alle, Geheime Staatspolizei und KZ, Rheinischer Widerstand gegen die Machthaber: Seiten 15, 53 – 56, 60, 64, 66 – 77, 86, 94.

● Vom Hochwasser wurde die Altstadt häufig heimgesucht. Dann mußten in der Moselstraße und in der Kastorstraße Stege gebaut werden. Der Schaden war jedesmal beträchtlich. Die Winter brachten oft Eis: Seiten 78 – 81.

Daten und Fakten

Rund 45 000 Einwohner hatte Koblenz am 1. Dezember 1900. Davon waren 4590 »Militärpersonen«. 1905 war die Zahl der Einwohner auf knapp 54 000 gestiegen. 77 Prozent von ihnen waren katholisch, 21,6 Prozent evangelisch, 1,1 Prozent jüdisch und 0,3 Prozent »andere«. 1910 wurden in Koblenz 647 Juden gezählt, 1925 = 677 und 1936 = 800. 1930 hatte die Stadt 62 800 Einwohner, 1939 waren es 91 100.

Obwohl die Stadt keineswegs im Zentrum lag, sondern im südlichen Zipfel, war sie seit 1830 Verwaltungsmetropole der preußischen Rheinprovinz. Sitz der Verwaltung war zunächst das Priester- und Waisenhaus am Rhein. Als dieses 1901 niederbrannte, wurde an seiner Stelle im neuromanischen Stil, einer staufischen Pfalz ähnelnd, »die Regierung« erbaut.

Eingemeindet wurden 1891 Lützel und Neuendorf; 1902 Moselweiß; 1923 Wallersheim; 1937 Metternich, Ehrenbreitstein, Pfaffendorf, Horchheim, Neudorf und Niederberg.

Drei Tageszeitungen erschienen um die Jahrhundertwende in Koblenz: Die katholische »Coblenzer Volkszeitung«, der Zentrumspartei nahestehend (1872–1941); der »Coblenzer Generalanzeiger«, der lange Zeit, auch noch nach 1900, auf der ersten Seite ausschließlich Inserate brachte und erst im Innern Nachrichten; der »Rhein- und Moselbote – Katholischer Generalanzeiger« (1894–1908). Von 1920 bis 1932 kam die sozialdemokratische »Rheinische Warte« hinzu, und schließlich erschien von 1930 an das »Koblenzer Nationalblatt« der Nationalsozialisten.

Ab 26. Mai 1925 wird der Name der Stadt nicht mehr mit C geschrieben, sondern mit K; also Koblenz und nicht mehr Coblenz.

Die katholische Zentrumspartei war bis 1932 die stärkste politische Kraft in Koblenz. Dann wurde sie von der NSDAP, der Partei Hitlers, überholt. Bei der Stadtratswahl 1919 erhielt das Zentrum 20 Mandate, die SPD zwölf, eine Liste Greber neun. Die letzte freie Wahl vor der »Machtergreifung« durch Hitler, die Reichstagswahl vom 6. November 1932, hatte in Koblenz folgendes Ergebnis: Zentrum 34 Prozent (im Reichsdurchschnitt 11,9), NSDAP 32,2 Prozent (im Reich 33,1), SPD 11 Prozent (im Reich 20,4), KPD 10,8 (im Reich 16,9). Am 5. März 1933, also schon unter der Herrschaft der Nationalsozialisten, ging die NSDAP auch in Koblenz an die Spitze: 41,1 Prozent (im Reich 43,9), Zentrum 31,1 Prozent (im Reich 14), SPD 8,3 Prozent (im Reich 18,3), KPD 7,6 Prozent (Reichsdurchschnitt 12,3 Prozent). In Trier hatte bei dieser Wahl das Zentrum mit 43,5 Prozent noch die Spitze halten können, die NSDAP bekam dort 31,9 Prozent.

Bis 1918 wurden von der Beamten- und Handwerkerstadt, die auch Garnison, aufstrebende Fremdenverkehrsstadt sowie regionales Verwaltungs- und Einkaufszentrum war, größere Industriebetriebe bewußt ferngehalten. Später verhinderten wirtschaftliche Flaute und Besatzung eine von der Stadtverwaltung angestrebte Industrialisierung.

Über die finanziellen Möglichkeiten, die vor dem Ersten Weltkrieg ein einfacher Beamter hatte, gibt es einen Bericht aus dem Jahr 1911 über den Vier-Personen-Haushalt eines Postassistenten. Monatseinkommen 224 Mark. Davon wurden ausgegeben für Lebensmittel 74 Mark, Wohnung 40 Mark, Kleidung und Wäsche 20, Gesundheitspflege 19, Heizung und Beleuchtung 12 Mark, für Versicherungen 9 und für Schuldenrückzahlungen 10 Mark.

Im Januar 1921 wurde auf Anordnung der Alliierten damit begonnen, die Feste Franz in Lützel zu schleifen. 1922 folgte das 100 Jahre alte Fort Alexander auf der Karthause.

Im Sommer 1933 beteiligten sich viele tausend Koblenzer an Wallfahrten nach Trier, wo vom 23. Juli bis zum 10. September der Heilige Rock gezeigt wurde. Weit über zwei Millionen Menschen aus dem In- und Ausland kamen während dieser Zeit in den Trierer Dom. Sie wollten das Kleidungsstück sehen, das der trierischen Tradition entsprechend der Leibrock Christi genannt wird. Über diesen Rock gibt es seit dem 11. Jahrhundert Aufzeichnungen. 1512 wurde er zum ersten Mal gezeigt.

In der Michaelskapelle neben der Liebfrauenkirche entdeckte im Juli 1933 der Maler Hoppenau Gemälde von Januarius Zick.

Die neue Moselbrücke – sie galt als die kühnste Betonbrücke der Welt – wurde am 22. April 1934 ihrer Bestimmung übergeben. Sie erhielt den Namen Hitlers. Der Stadtrat hatte den Bau 1931 beschlossen; erster Spatenstich war am 26. Januar 1932. Die Brücke war also keineswegs das Ergebnis nationalsozialistischer »Arbeitsbeschaffung«. Etwa zur gleichen Zeit war der Umbau der Pfaffendorfer Brücke abgeschlossen.

Jeder zehnte Koblenzer war 1934 Rundfunkhörer. In Lützel wurde ein Rundfunksender gebaut, der den Koblenzer Raum mit dem Programm des Reichssenders Frankfurt versorgte. Der 1935 fertiggestellte hölzerne Sendeturm in der Nähe der Falckensteinkaserne war über 100 Meter hoch; der Sender hatte eine Leistung von 1,5 Kilowatt.

Das Brückengeld für die Pfaffendorfer Brücke (zum Beispiel Personen mit Traglasten drei Pfennig) fiel ab 1. Juli 1937 weg. Auf der Schiffbrücke wurde es erst ab 1. Januar 1939 nicht mehr erhoben.

Ausschnitt aus einer Panorama-Aufnahme, die ein US-Soldat 1924 gemacht hat. Links unten die »Dähler«-Badeanstalt

Schokoladenseite der Stadt: Das Rheinufer

1900 bis 1939: da roch der Rhein anders als heutzutage; würzig – nach Wasser, Dampfschiffen und Schiffstauen. Das Wasser war so, daß Schwimmer bedenkenlos hineinspringen konnten (sie taten es jedenfalls), und Angler standen nicht nur zum Zeitvertreib am Ufer, sondern brachten oft reiche und wohlschmeckende Beute nach Hause, den Salm zum Beispiel.

Auch die Geräusche am Rhein waren anders. Die Schiffbrücke rasselte und stampfte, wenn zwei Joche ausgefahren werden mußten, um Schiffe durchzulassen. Die Schaufeln der Raddampfer klangen zwar kraftvoll, aber nicht nervös; die Wellen, die sie verursachten, hatten Zeit und Raum, hoch und laut gegen die Ufer zu klatschen.

Samstags wurde es ruhig auf dem Strom. Die Schiffe gingen vor Anker. Bevor die schweren Eisenhaken ins Wasser fielen, wurden auf den Kähnen der Schleppzüge mit den Schiffsglocken Signale geschlagen, damit die Anker zur richtigen Zeit herabgelassen wurden. Ein solcher Schleppzug bestand nicht selten aus sechs, sieben motorlosen Lastkähnen; sie waren mit Drahtseilen von jeweils etwa 80 Meter Länge miteinander verbunden und wurden von einem Radschlepper gezogen. Ein solcher Zug war mehrere hundert Meter lang. Ihn richtig vor Anker zu bringen, machte die Verständigung per Schiffsglocke erforderlich. So entstand ein Stück »Rheinmusik«, bevor am Samstag Sonntagsruhe einkehrte.

In diese entspannende und entspannte Ruhe klangen gegen 18 Uhr die Kirchenglocken. Sie läuteten den Sonntag ein und gaben dem Rheintal für Minuten etwas Festliches und Friedliches. Erst um diese Tageszeit begann das Wochenende; der arbeitsfreie Samstag war noch nicht eingeführt. Kirchenglocken waren am Deutschen Eck das ganze Jahr

Koblenz 1937. Nicht Hochhäuser bestimmten die Silhouette der Stadt, sondern Kirchtürme ragten über die Wohnviertel

hindurch – werktags und sonntags – schon morgens um 6 Uhr zu hören. In Kastor war um 6.30 Uhr die erste Messe; damals wurde eine halbe und eine viertel Stunde vor Beginn der Messe geläutet. Um diese Tageszeit blieben aus naheliegenden Gründen die meisten Plätze in der Kirche leer (eine Ausnahme bildete die Adventszeit). Zum Ausgleich war der Andrang zur Elf-Uhr-Messe am Sonntag so groß, daß die Besucher dieses Gottesdienstes oft bis auf den Kastorhof standen. In den anderen Kirchen der Stadt war es ähnlich.

Da die Motorisierung zu Beginn des Jahrhunderts keine Rolle spielte und sich – nach späteren Maßstäben – auch bis zum Zweiten Weltkrieg in Grenzen hielt, brauchten weder am Rhein noch sonstwo Parkplätze geschaffen zu werden. Durch die Straßen und über die Schiffbrücke klapperten noch viele Pferdefuhrwerke; vor den Anlegestellen der Köln-Düsseldorfer Dampfer und am Bahnhof warteten bis in die 30er Jahre hinein keine Taxis, sondern Pferde-Droschken.

Das Rheinufer war im Laufe der Jahre und Jahrzehnte zur »Schokoladenseite« der Stadt geworden. Hier standen damals die über Deutschland hinaus angesehenen Hotels »Riesen-Fürstenhof« und »Koblenzer Hof«. Hier kamen Hunderttausende von Besuchern mit dem Schiff an. Das Rheinufer war im Sommer einladend, bunt, es wirkte gleichsam weltmännisch. Wo anders gab es eine den Koblenzer Rheinanlagen vergleichbare Promenade?

Zum Kaiser-Wilhelm-Denkmal am Deutschen Eck drängten die auswärtigen und ausländischen Besucher in großen Scharen. Obwohl erst 1897 entstanden, ist »das Denkmal«, wie die Koblenzer kurz sagen, überraschend schnell ein fester, geradezu als typisch empfundener Bestandteil der Stadt geworden. Für viele Koblenzer Kinder war es in erster Linie – die Verehrer des Kaisers und der Monarchie mögen es verzeihen – ein vielfältig zu verwendender Spielplatz. Für »Nachlaufen« und »Verstecken« zum Beispiel gab es keine besser geeignete Möglichkeit.

Einige Jungen aus der naheliegenden Kastorstraße versorgten sich dort unten mit Taschengeld. Sie machten sich an Fremde heran (oder an solche, die wie Fremde aussahen) und fragten: »Herr Sie (!), darf ich Ihnen das Denkmal erklären?« Und wenn der »Herr Sie« zustimmte, ging's los: »Das Denkmal ist vom Wasserspiegel 44 Meter hoch...« alle Maße wurden vorgetragen (Pfeilerhalle 10 Meter hoch, das Reiterstandbild 14 Meter, ihm zur Seite ein 9 Meter hoher Genius). Gingen die Gäste mit ihrem »Denkmalserklärer« auf der Moselseite des Deutschen Ecks, dann bekamen sie eventuell eine zusätzliche Information: Der Schweif des Pferdes, auf dem Kaiser Wilhelm I. saß, war so gegossen, daß – aus einem bestimmten Blickwinkel von der Moselseite her betrachtet – an einer Stelle der Innenseite die markante Nase des Franzosenkaisers Napoleon erkannt oder vermutet werden konnte. Der so symbolisierte Napoleon guckte dem Pferd des deutschen Kaisers direkt »hinten rein«. So wurde die über Generationen eingeredete Erbfeindschaft bis in den Schweif eines Denkmalpferdes hinein gepflegt. Fremde erfuhren davon nur, wenn sie sich nach der üblichen Erklärung des Denkmals nicht geizig gezeigt hatten – und wenn sie keine Franzosen waren.

Wo seit 1897 das Denkmal steht, befand sich bis dahin ein in der zweiten Hälfte des 19. Jahrhunderts erbauter Mosel-Schutzhafen, und zwar zwischen dem alten Deutschen Eck und einer ehemaligen Sandbank, dem »Honsschwanz«, wie dieses äußerste Ende des Hunsrücks genannt wurde.

1892 hatten die Arbeiten am Denkmal begonnen. Wenige Wochen nach dem Tod Kaiser Wilhelms I. war der Gedanke aufgekommen, in Koblenz eine Erinnerungsstätte an ihn zu errichten. Begründung: Hier habe der »verewigte Fürst« lange residiert; hier habe er den Plan zur Heeres-Reorganisation ersonnen und vorbereitet; in Koblenz habe er »also den Grundstein zur deutschen Einheit gelegt und die unbezwingliche Wehr gegen den äußeren Feind geschaffen«. Ursprünglich sollte das Denkmal vor dem Schloß gebaut werden. Schließlich aber entschied Kaiser Wilhelm II. zugunsten des Platzes am Zusammenfluß von Rhein und Mosel. Am 31. August 1897 wurde es eingeweiht. Kaiser Wilhelm II. war dabei. Die eingemeißelten Verse Max. v. Schenkendorfs, des am 11. Dezember 1817 in Koblenz gestorbenen Freiheitsdichters, sind noch heute an der Vorderfront des Denkmals zu lesen: »Nimmer wird das Reich zerstöret, wenn ihr einig seid und treu.« Für die Figurengruppe waren 350 Zentner Kupfer verwendet worden.

Das Deutsche Eck ist schnell als Platz für Großkundgebungen entdeckt worden. Hier wurde in der Nacht zum 1. Dezember 1929 das Ende der Besatzungszeit gefeiert; etwa 30 000 Menschen waren aus diesem Anlaß zum Deutschen Eck gekommen. Hier versammelte sich im Mai 1932 die »Sturmschar« der Katholischen Jugend anläßlich ihres Reichstreffens in Koblenz zu einer Kundgebung zusammen mit vielen Gleichgesinnten aus der Stadt. Wenige Wochen später, am 25. Juli 1932, schmetterten am Deutschen Eck sechstausend Sänger deutscher Männerchöre unter der Leitung des Koblenzer Chorleiters Dr. Collignon; sie waren zu einer »Vaterländischen Stunde« vom Elften Deutschen Sängerbundfest in Frankfurt mit Schiffen nach Koblenz gekommen. Zum Denkmal riefen selbstverständlich auch die nationalsozialistischen Machthaber. Sie riefen bewußt nationalistisch zum »Deutschen Eck«; dabei ist dieser Name viel älter als das Kaiser-Denkmal. Er besteht seit 1216, nachdem die Deutschordensritter sich hier niedergelassen hatten. Ihre »Ordensballei« war das Deutsche Eck. Das eine Gebäude, das der Krieg von ihr übriggelassen hat, läßt die klare, feste Schönheit der Anlage wenigstens noch ahnen.

Die Attraktion des Rheins bei Koblenz war gewiß die 1819

Der »Honsschwanz«, Schutzhafen und letztes Stück des Hunsrücks. So sah das Deutsche Eck vor dem Bau des Denkmals aus

»Das Denkmal ist vom Wasserspiegel...«. So begann der Text der Denkmalserklärer. Im Pferdeschwanz: Napoleon

eröffnete Schiffbrücke. Sie begann und endete dort, wo heute die »Überfahrtsbootchen« zwischen Koblenz und Ehrenbreitstein anlegen. Auf keiner anderen Brücke konnte man dem Wasser auf so angenehme Weise nahe sein und das Leben auf dem Rhein empfinden. Brücken gab es viele; aber nur noch Koblenz hatte eine Schiffbrücke. Manchem nahm sie kostbare Zeit, wenn sie ausgefahren wurde, weil Schiffe durchwollten. Anderen – nicht zuletzt Schülern – war sie eine willkommene Entschuldigung furs Zuspatkommen. »Herr Studienrat, die Schiffbrücke war ausgefahren« – was sollte der Studienrat gegen diesen, möglichst etwas atemlos vorgebrachten Satz sagen?

Die Koblenzer kannten und verstanden die Sprache der Signale auf der Schiffbrücke. Wenn die rote Fahne gehißt wurde, war Eile geboten; denn dann näherte sich ein Schiff von oberhalb, und zu Tal fahrende Schiffe, zumal Schleppzüge, konnten ihr Tempo nicht beliebig ändern, sie konnten nicht liegenbleiben. Deshalb gab es zwischen dem Hissen von Rot und dem Ausfahren meist keine lange Wartezeit. Der Brückenmeister pfiff in kurzen Abständen auf seiner Trillerpfeife einmal, zweimal, dreimal – dann wurden Barrieren geschlossen und zwei Brückenjoche ausgefahren.

Näherte sich ein Schiff oder ein Schleppzug auf Bergfahrt, dann ging die weiße Fahne hoch. Sie trieb nicht im gleichen Maße wie die rote zur Eile; denn zu Berg fahrende Schiffe können jederzeit stoppen, sie werden nicht von der Strömung vorwärts getragen. Bei Weiß konnte die Brückenmannschaft das Ausfahren verzögern.

Von Zeit zu Zeit mußte die Schiffbrücke für ein Floß geöffnet werden. Das erforderte erhöhte Aufmerksamkeit; denn Baumstämme, die zu einem Floß miteinander verbunden sind und stromabwärts treiben oder geschleppt werden, sind verständlicherweise nicht so leicht zu steuern wie ein Schiff. Die meisten Flöße waren so breit, daß drei Joche der Schiffbrücke ausgefahren werden mußten. Schon damals waren diese schwimmenden Wälder eine sehenswerte Rarität. Heute sind sie vom Rhein verschwunden; infolgedessen gehört auch der Floßhafen in Lützel der Vergangenheit an. Führte der Rhein Hochwasser oder starkes Treibeis – was zwar nicht alljährlich, aber doch verhältnismäßig häufig vorkam –, dann mußte die Schiffbrücke in den Ehrenbreitsteiner Schutzhafen geschleppt werden; sie wäre sonst von der Strömung mitgerissen oder vom Eis beschädigt worden, und selbst wenn sie das Eis unbeschädigt überstanden hätte,

Deutsches Eck. Den Namen hat es seit 1216 von den Gebäuden der Deutschordensritter, der ältesten Gründung am Rhein

wäre die Gefahr heraufbeschworen worden, daß sich die Schollen gestaut und aufgetürmt hätten.

Alte Koblenzer erinnern sich an folgenden Zwischenfall: Anfang Februar 1921 lagen zwei Schleppzüge vor der geschlossenen Schiffbrücke. Als die Durchfahrt schließlich freigegeben war, versuchten sie sich gegenseitig zu überholen, weil jeder als erster durchwollte. Zwischen den Mannschaften kam es zu Schlägereien, nachdem ihre Schiffe längsseits lagen; Schleppseile verhedderten sich in den Schaufeln der Dampfer. Die Streithähne mußten auseinandergebracht und die Seile gekappt werden. Fünf Stunden dauerte der unfreiwillige Aufenthalt der beiden Schleppzüge an der Schiffbrücke.

In den von Kaiserin Augusta gestifteten Rheinanlagen promenierten und flanierten viele Koblenzer Bürger offenbar gern. An Sonntagnachmittagen mußte Vater den rechten Arm anwinkeln, und Mutter hängte sich ein. Die Kinder mußten vorweggehen und Staub auf ihren Sonntagskleidern vermeiden. Natürlich war das nicht in allen Familien so. Es gab Kinder, die einen solchen »Familienschleich« durch die Rheinanlagen zu verhindern wußten, und es gab Eltern, die einen deftigen Spaziergang vorzogen: in den Stadtwald oder nach Arzheim, zum Kühkopf oder Remstecken, durchs Blindtal oder ins Muhlental, zum Bienhorntal oder zur Schmittenhöhe.

An Wochentagen hatten die Rheinanlagen alle Gespreiztheit abgelegt. Das Kaiserin-Augusta-Denkmal am Beginn der Rheinlache lud dazu ein, sich der Kaiserin auf den steinernen Schoß zu setzen. Durch die Rheinanlagen führte – im Sommer, versteht sich – der Weg ins Strandbad Oberwerth. Geschwommen wurde im offenen Rhein. Das offizielle Bad war durch ein paar Balken zur Strommitte hin abgegrenzt. So war es damals üblich. Von dieser Art gab es in Koblenz außer auf Oberwerth noch ein Strandbad am Neuendorfer Eck und im Rauenthal, ferner die mit Kabinen und Nichtschwimmerbecken ausgestatteten schwimmenden Badeanstalten in der Lache, oberhalb der Schiffbrücke vor Ehrenbreitstein und in der Mosel nahe bei der Mündung auf der Lützeler Seite. Außerdem gab es die Wellenbäder an der Schiffbrücke: Unmittelbar mit der Brücke verbunden lag in der Nähe des Ehrenbreitsteiner Ufers ein Holzhaus, in dessen Boden Holzgitter-Kasten eingelassen waren, die das Rheinwasser durchströmen ließen. In sie konnte man hineinsteigen und, im Strom liegend, ein »Wellenbad« nehmen.

Der obere Teil der Rheinanlage wurde Anfang Oktober 1932 geradezu gestürmt. Am 3. Oktober war das Dornierflugboot DO-X auf dem Rhein »gelandet« und in der Lache vor Anker gegangen. Die Koblenzer Volkszeitung widmete diesem Ereignis eine ganze Seite. Viele tausend Koblenzer standen an den Ufern, als die DO-X aufsetzte. Ebenfalls viele tausend besichtigten das weltweit bekannte und bewunderte Flugboot während der Tage, die es in Koblenz lag. In Kabinen und Aufenthaltsräumen hatte es Platz für hundert Fluggäste. Auf den Tragflächen des Hochdeckers waren sechs Motorengondeln mit je zwei Propellern (vorn und hinten einer) angebracht.

Am Rheinufer, genau an der Schiffbrücke, begann die wichtige Straßenbahnlinie, die über den Goebenplatz (heute Görresplatz), Jesuitenplatz, Plan, durch die Löhrstraße zum Bahnhof und von da weiter über den Schützenhof zum Oberwerth führte. Die Geschichte der Koblenzer Straßenbahn hat 1887 und ohne Elektrizität begonnen: Über Gleisanlagen von etwa fünf Kilometer Länge rollte zunächst eine Pferdebahn der »Koblenzer Straßenbahn-Gesellschaft« auf zwei Linien: Rheinufer–Plan–Löhrstraße–Moselbahnhof (nördlich vom jetzigen Hauptbahnhof, der sogenannte Rheinbahnhof war in der Fischelstraße) sowie Goebenplatz–Neustadt–Mainzer Straße–Schützenhof. Zwischen Goebenplatz und Schützenhof fuhr am 17. Januar 1899 die erste »Elektrische«. In den folgenden Jahren wurde das Schienennetz erheblich erweitert; nach Ehrenbreitstein (über die Pfaffendorfer Brücke), nach Lützel, Neuendorf, Metternich, zur Königsbach; von Ehrenbreitstein nach Arenberg, Vallendar (später bis Bendorf-Sayn und Höhr-Grenzhausen) sowie nach Niederlahnstein (später bis nach Oberlahnstein). Am 3. Oktober 1936 erinnerte die Straßenbahngesellschaft an ihr 50jähriges Bestehen. An diesem Tag ließ sie auf der Strecke Goebenplatz–Schützenhof zwei Wagen der alten Pferdebahn fahren.

Draußen am Schützenhof (oder an einem Bankschalter in der Stadt) waren die Stromrechnungen des Elektrizitätswerks zu bezahlen. Mancher Junge, der dazu zum Schützenhof geschickt wurde, verbesserte seine finanzielle Lage, indem er die zwei Groschen, die er für Hin- und Rückfahrt mit der Straßenbahn bekommen hatte, in seine Tasche steckte und den Weg in die südliche Vorstadt (und zurück) zu Fuß machte. Das Geld war knapp, und zwanzig Pfennig konnte ein Junge so gut brauchen, daß er dafür die Mühe

Koblenz 1903 von Ehrenbreitstein aus gesehen. Links im Bild der Turm der Karmeliterkirche, links daneben die Hauben der Oberpfarre. Im Vordergrund die Ehrenbreitsteiner Badeanstalt. An der Schiffbrücke die schwimmenden Wellenbäder

Rheinfront mit Schiffbrücke und (von links) der zwischen 1903 und 1906 erbauten »Regierung«, dem Koblenzer Hof, dem Riesenfürstenhof und der Rheinzollstraße. An der Stelle des Regierungsgebäudes stand ursprünglich ein Priester- und Waisenhaus; es wurde von Napoleon säkularisiert und in der preußischen Zeit Sitz der Regierung. 1901 brannte es nieder

eines längeren Fußwegs auf sich nahm. Wie wichtig ein einziger Groschen sein konnte, habe ich an einem heißen Sommertag jener wirtschaftlich schwierigen Jahre erlebt. Ich war mit meinen Eltern auf dem Heimweg vom Brombeeren-Pflücken. Wir konnten vor Durst kaum noch sprechen. Da sahen wir einen Eismann. Mein Vater kramte aus seiner Hosentasche ein Zehn-Pfennig-Stück; das letzte, das er hatte. Eigentlich wollte er – ein starker Raucher – dafür drei Zigaretten kaufen. Aber er ging schweigend zu dem Eiswagen und kam mit zwei Fünf-Pfennig-Waffeln zu uns zurück. Ein kleines, aufschlußreiches Ereignis.

★

Im Winter war es am Rheinufer und am Deutschen Eck still. (Daran hat sich ja auch nach dem Zweiten Weltkrieg kaum etwas geändert). Möwen saßen auf den Geländern der Kaimauer und der Schiffsanlegestellen. Niemand störte sie. Es war eine eigenartige Mischung aus Winterschlaf, Traurigkeit und Beschaulichkeit. Felsen und Festung Ehrenbreit-stein gegenüber wirkten wie stumm und zurückweisend. Die Lastschiffe auf dem Rhein taten ihre Pflicht und stampften unbeachtet vorüber; Metall rieb sich, wenn die Anlegebrücken von Wellen bewegt wurden; der Schrei einer Möwe; Wind und Wasser – das waren die Geräusche am winterlichen Deutschen Eck. Nur sonntags wurde die Gegend ein bißchen belebt; von Kirchgängern vor und nach der Elf-Uhr-Messe in Kastor, die auch aus anderen Pfarreien und zum Teil von weiter her kamen. Da konnte in der stillen Winterzeit der Pennäler der Begegnung mit seinem Oberstudiendirektor nicht ausweichen. Und wie die nationalsozialistischen Machthaber es verlangten, grüßten Schüler und Direktor mit dem sogenannten Deutschen Gruß, also mit der erhobenen rechten Hand. Beide wußten voneinander, daß sie auf dem Weg zur oder von der Sonntagsmesse waren. Der Kirchgang war zwar nicht strafbar, aber für einen Oberstudiendirektor – er trug das Parteiabzeichen – nicht ganz ohne berufliches Risiko. War dieser Mann mutig? Oder war er schlau? Fragezeichen, Respekt und Zweifel, schlech-

Schiffahrts-Romantik vor der Festung Ehrenbreitstein

tes Gewissen und Zwang, Überlebenswille und Verzagtheit mögen in solchen kurzen Begegnungen am Sonntagvormittag in den späten 30er Jahren zu einem nur damals verständlichen Bild zusammengeflossen sein.

Der Frühling und der Sommer verbreiteten am Deutschen Eck Heiterkeit, auch schon Betriebsamkeit. Wer mit einem Personendampfer eine Rheinfahrt machte, erlebte – genau wie heutzutage – romantische Landschaft. Aber wenn auch die Natur mehr oder weniger unverändert geblieben ist, so ist doch einiges anders geworden. Da waren früher zum Beispiel die verschwitzten Heizer, die im Kesselraum des Dampfers Kohlen in die Feuerung schaufelten – sie sahen nichts von »Romantic Germany«; die Ufer waren von Strandbädern belebt; die Steuermänner auf den Schiffen mußten ein Auge auf die Schwimmer haben, denn viele überquerten den Rhein, schwammen in die Nähe der Schiffe oder versuchten – häufig mit Erfolg – einen Schleppkahn zu erklettern, ließen sich ein Stück stromaufwärts fahren und

Die Fischer holten manche Delikatesse aus dem Rhein

Die Schiffbrücke ist ausgefahren; Fußgänger warten an einer Barriere. Belebtes Rheinufer im Sommer 1936

schwammen dann zurück. Das war auch damals schon gefährlich; heute käme es einer Selbstmordabsicht gleich. Verschwunden sind auch die »Bleichen« an den Ufern. Das Wort muß wohl erklärt werden. Den Duft von Sauberkeit und Frische bezogen die Hausfrauen vor dem Zweiten Weltkrieg noch nicht von Chemiekonzernen, sondern aus der Luft und dem Wasser. Weiße Wäsche, besonders die Bett- und Tischwäsche, wurde (nachdem sie mühsam eingeweicht, ausgewaschen, mit Waschmittel gekocht, »geschlagen« und wieder ausgewaschen worden war) auf einer Wiese ausgebreitet; wenn sie trocken war, wurde sie mit Wasser aus einer Gießkanne besprengt. Danach wurde sie noch einmal ausgewaschen und auf einer Leine endgültig getrocknet. Der Vorgang auf der Wiese wurde »Bleichen« (bleich machen = weiß machen) genannt; die Wiese, auf der gebleicht wurde, war eine Bleiche. Da nicht jedermann eine Wiese besaß, gingen viele Frauen mit ihrer Wäsche in die Nähe der Flußufer wo mancherorts öffentliche Bleichen eingerichtet waren. Der Wäsche tat's vermutlich gut. Den Nasen auch, denn Gebleichtes duftete angenehm. Auch der Anblick – Weiß auf Grün – war schön. Aber: die Mühe war beträchtlich, besonders dann, wenn die Wäsche erst zu einer Wiese getragen oder mit einem Leiterwagen gefahren werden mußte.

★

Am Rhein erinnert ein Denkmal an einen der bedeutendsten Söhne der Stadt: an den 1776 in Koblenz im Haus »Zum Riesen« geborenen Josef Görres, der als Publizist (Rheinischer Merkur) die Politik seiner Zeit beeinflußt hat. Der Grundstein zu dem Denkmal ist am 15. September 1926 gelegt worden, 150 Jahre nach der Geburt des wortgewaltigen Mannes. Am 24. Juni 1928 wurde es enthüllt. Oberbürgermeister Dr. Russell übernahm das Denkmal in die Obhut der Stadt. Der preußische Minister für Wissenschaft und Kunst, Prof. Becker, hielt die Festrede. Kennzeichnend für die Zeit, aber auch für das Schicksal von Josef Görres war die Tatsache, daß die Besatzungsmächte die Übertragung der Feier durch den noch in seinen Anfängen steckenden Rundfunk verboten. Görres hatte während seines Lebens meist im Streit mit den Mächtigen gelegen: erst, als junger Anhänger der französischen Revolution, bekämpfte er den Absolutismus, dann unterstütze er den Kampf gegen Napoleon, und schließlich empfand die preußische Regierung ihn als so lästig, daß sie 1816 seinen »Rheinischen Merkur«

Klassischer Anblick: Ehrenbreitstein mit Schiffbrücke (1938)

verbot. In diese Folge paßte die Entscheidung der Besatzungsmächte 1928.

Der Kopf von Josef Görres ist an der Ostseite seines Denkmals in einem Metallrelief dargestellt. Die etwa fünf Meter hohe Bronzefigur auf dem vier Meter hohen Steinsokkel ist eine »allegorische Jünglingsgestalt«. Sie soll wohl Freiheitswillen verkünden. Koblenzer Volksmund lästerte, der Jüngling müsse sehr durstig sein, denn mit seinem hochgereckten Arm und den ausgestreckten fünf Fingern bestelle er wohl im gegenüberliegenden Pfaffendorf »fünf Halbe«.

Dort drüben – in Pfaffendorf, Horchheim und Ehrenbreitstein – waren die Höhen noch nicht bebaut. Die Hänge waren mit Büschen und wilden Obstbäumen bewachsen. Da waren Brombeeren, Himbeeren und Fallobst zu sammeln. In den Felsen der Festung Ehrenbreitstein leuchteten im Mai/Juni die hellgrünen Blätter der bläulich blühenden Schwertlilie. Wer in dem Hang ein wenig herumkraxelte, fand sie dort und stark duftenden Goldlack dazu.

Das 1928 errichtete Görres-Denkmal in den Rheinanlagen

Umschlagplatz für die Wirtschaft des Koblenzer Raums: Am Moselufer, das Güterhafen war, wurde hart gearbeitet

An der Mosel ein derberes, deftiges Gesicht

Kranen, Lagerhäuser, Werftbahn, Sackträger (in Koblenz hießen sie Schürgen, mundartlich Schürjer oder Schärjer), Güterschiffe in mehreren Reihen liegend, Fuhrwerke und Lastautos: das Moselufer war ein strenger Kontrast zur Rheinpromenade. An der Mosel zeigte sich das Werktagsgesicht der Stadt; hier wurde körperlich gearbeitet. Am Rhein trafen die Besucher, die Fremden, die Gäste ein; an der Mosel Kohlen, Zement, Sand, Heringe in Fässern, Stückgüter aus aller Welt. Zugang für Dienstboten; Hafen; Import und Export – freilich im kleinen. Die Betriebsamkeit blieb liebenswürdig. Sie schlug nicht in Hektik um. Alles spielte sich in den Maßen der Zeit und einer von Hause aus nicht aufgeregten Mittelstadt ab. In den Kontoren der Lagerhäuser waren die Gespräche von der gemächlichen Melodie der Koblenzer Mundart getragen. Die fremden Schiffer, die hier ein- und ausluden, sprachen und gingen breit und bedächtig: Holländer, Franzosen, Belgier.

Die Geschichte der Moselwerft reicht bis ins elfte Jahrhundert zurück. Seitdem wurden durch die Kornpforte Güter in die Stadt geschafft. Heringe aus Holland waren schon früh dabei. In der Kornpfortstraße wohnten in jener Zeit die reichsten Kaufleute von Koblenz, auch die Kastorstraße galt als vornehm. Kurz vor 1900 ist die Kornpforte niedergelegt worden, als auch die anderen Stadttore (Mainzer Tor, Löhrtor, Moselbrückentor) abgerissen wurden, weil Koblenz die Fesseln einer Festungsstadt ablegen durfte. Der Reichtum hatte sich inzwischen anderswo angesiedelt. In den ehemaligen Patrizierhäusern der Kastorstraße und in der Kornpfortstraße wohnten Handwerker, Einzelhändler, redliche, aber nicht wohlhabende Leute – und die Schürjer.

Ein Schürjer verfügte über beträchtliche Kräfte und über ein bemerkenswertes Stehvermögen: Stundenlang und Tag um Tag schleppte er, solange der Vorrat reichte, Zwei-Zentner-Säcke aus Schiffen in Lagerhäuser oder auf Fuhrwerke; auch umgekehrt. Auf dem Schiff half ihm einer, den Sack auf die Schulter zu legen. Dann ging er, schwer beladen, über einen schmalen, schwankenden Holzsteg an Land. Je weiter das Schiff entladen war, desto mühsamer wurde die Arbeit; denn

Wohnschiff, Bootsverleih und schwimmendes Café in der Moselmündung. Gegenüber eine schwimmende Badeanstalt

dann mußte der Schürjer – zwei Zentner am Hals – erst eine Leiter aus dem Bauch des Schiffs hinaufklettern, bevor er über den Steg balancieren konnte.

Da die Schürjer im Stücklohn arbeiteten, machten sie Tempo. Sie schleppten also möglichst viele Doppelzentner. Kein Wunder, daß bei den meisten die Beine mit der Zeit zu einem O gedrückt wurden. Aber die Schürjer verdienten gut. Und auf ihre Weise nahmen und genossen sie das Leben so, wie es kam: Essen und Trinken verschmähten sie so wenig wie ihre schwere Arbeit. Gegen zehn Uhr am Vormittag machten sie Pause. Dann packten sie nicht etwa ein Butterbrot aus, sondern gingen in eines der nahen Gasthäuser, bevorzugt wurde der »Deutsche Kaiser«. Mit Rippchen oder Fleischwurst, Brötchen und Bier hielten sie ihr zweites Frühstück und frischten ihre Kräfte auf. Dabei langten sie genauso zu wie an der Werft.

Am Moselufer zeigte die Stadt sich von ihrer derberen, deftigeren Seite als am Rhein. Die Atmosphäre wurde nicht nur von der Werft bestimmt, sondern auch von den Häusern der Moselstraße. Die engen Bogen der alten Moselbrücke paßten ins Bild, und fast scheint es, als ob es kein Zufall sei, daß an der Rheinfront ein Schloß steht, am Moselufer aber eine Burg. Das deftigere Gesicht ist das ältere; denn Koblenz ist von seiner Gründung her keine Rhein-, sondern eine Moselstadt. Kornpfortstraße–Entenpfuhl–Plan–Altengraben: in diesem Bereich lag ja das frühe Koblenz an der Mosel.

Vielleicht hat Fritz Zimmer (8. März 1866–27. Oktober 1939) an Menschen gedacht, die in diesem alten Bezirk lebten oder geboren waren, als er sein »Wiegenlied« schrieb (Melodie »Weißt du, wieviel Sternlein stehen . . .«):

Schlof mein Herzje, Sterncher blinke,
Mondche gieht stell dorich die Welt,
alles doht en Schlommer sinke,
on kain Viehlche peift em Feld.
Ich sein bei dir, nix ze wolle,
kainer darf mein Schofje holle,
Mietzje laift dem Meisje no,
Butzemann es net mie do.

Für den, der hineinhören kann, entschlüsselt dieses Liedchen überraschend viel vom Wesen und vom Gemüt vieler alteingesessener Koblenzer wie auch von der Koblenzer Mundart.

Ein paar Sprachhilfen für Nicht- und Neukoblenzer, die das Wiegenlied ganz verstehen und richtig lesen möchten: Das o in Schlof, Mondche, Schofje, no und do ist ungefähr so auszusprechen wie das erste o in Otto, aber gedehnt; dagegen klingt das o in wolle und holle wie das zweite o in Otto, aber kurz; das o in doht und on schließlich klingt klassisch wie das o im Alphabet. Und ein paar Vokabeln: Mondche ist die Verkleinerungsform von Mond, Schlommer = Schlummer, Viehlche ist ein Vögelchen, Schofje ist ein Schäfchen, Mietzje und Meisje sind Verkleinerungsformen von Katze und Maus, und Butzemann ist ein Buhmann. Die Aussprache des ei in Meisje hei, mein, sein, pfeift läßt sich am leichtesten katholischen Kirchgängern erklären: es wird gesprochen wie das ei in eleison (Kyrie eleison).

Auch das Lützeler Ufer – um von der Mundart zur Mosel zurückzukehren – war weitgehend Arbeitsgelände: Unterhalb der Moselbrücke zunächst der Floßhafen. Dort lagen und lagerten Baumstämme, die zu Flößen zusammengebunden rheinabwärts gekommen waren. Holzhandlungen verkauften von hier aus weiter. Es folgten Schutzhafen und Schiffswerft, die beide den Zweiten Weltkrieg überlebt haben. Dazwischen wirkte die weiße »Preußen«, ein Repräsentationsschiff der Regierung, fast wie ein Fremdkörper; sie lag die meiste Zeit des Jahres unbenutzt an der für sie reservierten Anlegestelle.

In Koblenz hatte die Mosel ihre ansonsten gepriesene und zu preisende Lieblichkeit abgelegt. Der Fluß war hier vom herben Reiz der Arbeit geprägt. Doch auf der Höhe des Kastorhofs änderte sich das Bild bis zur Mündung hin noch einmal. Da war das Hafengelände auf beiden Seiten zu Ende. Am rechten Ufer begann die Promenade um das Kaiser-Denkmal; im Fluß lagen ein Café und ein Wohnschiff, die ständige Wohnung der Familie Reif; gegenüber eine schwimmende Badeanstalt. Das Neuendorfer Eck entwickelte sich an seiner der Mosel zugewandten Seite rasch zu einem Sonnen- und Zeltplatz. Zwischen dem Deutschen Eck und dem Neuendorfer Eck war bei schönem Sommerwetter lebhafter Schwimmbetrieb. Junge, halbstarke und sehr starke Koblenzer sprangen an der Kaimauer in die Mosel, schwammen hinüber und wieder zurück; sehr zum Ärger der Angler, deren mögliche Beute durch die Schwimmer verscheucht wurde.

Der Gedanke, die Moselfront zu ändern, ist nicht erst nach dem Zweiten Weltkrieg als Folge der Zerstörungen geboren worden. Vielmehr waren schon 1925 Hafenanlagen bei Wallersheim ins Auge gefaßt. Damals schrieb Hafendirektor Lanters: »Mit dem Bau dieser Anlagen wird in einigen Wochen begonnen werden; sie sind nördlich von Wallersheim gedacht und sollen umfassen: eine Umschlagwerft am offenen Strom mit 800 m Länge, einen Floßhafen von 1000 m Länge und mehrere ins Innere führende Hafenbecken von zusammen 3000 m Länge ... Die beabsichtigte und in Bälde wohl auch durchgeführte Kanalisation der Mosel wird weiter belebend auf den Hafenverkehr wirken.« Doch die Mosel wurde noch nicht kanalisiert.

Um die bessere Schiffbarmachung des Flusses war schon vor der Jahrhundertwende diskutiert und gestritten worden. Die Industrie- und Handelskammern von Koblenz und Trier bemühten sich nachdrücklich. Aber die preußische Regierung zeigte, sicherlich beeinflußt von den unterschiedlichen und wechselnden Interessen der Eisen- und Stahlindustrie an Saar und Ruhr, die kalte Schulter. Um 1890 war der Widerstand gegen eine Kanalisierung von der Saar-Industrie gekommen. Denn ein Plan sah die Verbindung des Ruhrgebiets – unter Umgehung der Saar – mit den Eisenlagern Lothringens vor. Da fürchtete die Montan-Industrie des

Blick auf die Moselstraße, bevor 1911/12 an der Werft die Lagerhallen gebaut wurden; links Kirmesstände der »Meß«

Lange Zeit hatte die Alte Burg stumpfe Türme (Foto aus dem Jahr 1896), ebenso die Florinskirche, deren Hauben etwa in der Bildmitte zu erkennen sind. Am Ufer liegt ein Schiff der Moseldampfschiffahrts-Gesellschaft, die 1934 ihren Betrieb einstellte

Saarlands, die Konkurrenz von der Ruhr werde übermächtig. Bald nach 1900 aber wandelten sich die Fronten. Nachdem einige Saar-Industrielle einen großen Teil der lothringischen Eisenhütten erworben hatten, agitierte die Ruhr-Industrie gegen eine Kanalisierung der Mosel. Die Unternehmen im »Kohlenpott« bezogen inzwischen Eisenerz aus Schweden und hatten die Sorge, durch einen Ausbau von Mosel und Saar würden Lothringen und das Saarland zu einem geschlossenen Wirtschaftsgebiet, also zu einem starken Konkurrenten, zusammenwachsen. Die Ruhr setzte sich, wohl dank ihrer besseren Verbindungen und ihres wirtschaftspolitischen Gewichts, bei der preußischen Regierung durch. Später wurden noch mehrfach Vorstöße unternommen. Aber die Mosel wurde erst nach dem Zweiten Weltkrieg – und wohl auch als ein Preis für ihn – kanalisiert; die Werft kam noch nicht von der Moselstraße weg; die Kastorstraße blieb bis zu ihrer Zerstörung die »Seestadt«, und ihre Bewohner blieben ebenso lang die »Seestädter«.

Am 5. Dezember 1934 wurden die Moseldampfer »Prinz Heinrich«, »Mosel« und »Marienburg« zum Verschrotten nach Köln gebracht. Acht Monate vorher hatte die 1840 gegründete Moseldampfschiffahrtsgesellschaft ihren Betrieb eingestellt. Seit der Jahrhundertwende war die Moselschiffahrt von der Eisenbahn bedrängt worden. Um 1850 waren zwischen Koblenz und Trier fast 60 000 Menschen und etwa zweitausend Tonnen Ware auf Schiffen befördert worden. Fünfzig Jahre später war der Verkehr auf nur noch zehn Prozent dieser Werte geschrumpft, also auf nur noch rund 6000 Menschen und 200 Tonnen. Kurz nach der Jahrhundertwende versuchte die Moseldampfschiffahrtsgesellschaft, den Schiffsverkehr noch einmal zu beleben. Ihre Dampfer – auf der »Mosel« hatten tausend Menschen Platz – befuhren die Strecke Koblenz–Trier. Sie wurden für den Reise- und Ausflugsverkehr eingesetzt, aber auch als Schlepper von Lastkähnen. Flußabwärts benötigten die Schiffe für die ganze Strecke zwölf Stunden, flußaufwärts waren sie von Koblenz bis nach Trier eineinhalb Tage unterwegs. Schon wenige hundert Meter nach dem Start an der alten Moselbrücke in Koblenz war das erste Hindernis zu überwinden: das »Gänsefürtchen«; in dem flachen, über viele Steine

Die Alte Burg im neuen Gewand (hier 1937), das der ursprünglichen Form entspricht. Der Hafen erlebte um diese Zeit seinen Höhepunkt. Zeichen der Entwicklung: Die Fuhrunternehmer stellten sich zunehmend von Pferden auf Autos um

springenden Wasser kamen die Dampfer kaum voran. So mühsam und schwierig, wie der Weg durch das Gänsefürtchen war, wurde die Entwicklung der Moselschiffahrt. Schließlich mußte sie aufgeben. Im Zuge der Kanalisierung sind Stromschnellen, Furten und Untiefen verschwunden. Statt ihrer behindern jetzt Staustufen das zügige Vorankommen der Schiffe.

Zur Koblenzer Mosel gehören die Brücken. Seit 1934 – als die Neue Moselbrücke fertig war – gab es vier und damit eine mehr als über den Rhein: Balduinbrücke, Eisenbahnbrücke, Gülser Brücke, Neue Brücke über die Mosel; Schiffbrücke, Pfaffendorfer Brücke, Horchheimer Brücke über den Rhein.
Lange Zeit – vom 14. bis ins 19. Jahrhundert – war die Balduinbrücke die einzige feste Brücke in Koblenz. 1819 kam am Rhein die Schiffbrücke hinzu. 1858 wurde die Moseleisenbahnbrücke gebaut, 1864 die Pfaffendorfer Brücke, 1878 die Horchheimer und die Gülser Brücke. Die vier neueren Übergänge waren in erster Linie für die Eisenbahn gebaut worden. Die Moseleisenbahnbrücke hat nie einem anderen Zweck gedient. Die Pfaffendorfer Brücke durfte von Fußgängern und Fuhrwerken nur benutzt werden, wenn die Schiffbrücke ausfiel, aber 1901 wurde die Straßenbahn über sie geführt, und ab 1914 war sie Straßenbrücke. Die Horchheimer Brücke hatte sofort einen Fußgängersteg – freilich war er nur schmal, und die Ritzen zwischen den Bohlen gaben schwindelerregende Blicke auf den tief unten fließenden Rhein frei. Seit 1925 hatte auch die Gülser Brücke einen Fußgängersteg.

Fast hätte in der Mitte des vorigen Jahrhunderts die Moselmündung ein ähnliches Eisenbahnschicksal erlitten wie die Mündungen von Nahe, Lahn und Ahr. Denn es war ernsthaft erwogen worden, die linksrheinische Eisenbahnlinie über das Neuendorfer Eck, das Deutsche Eck und dem Rheinufer entlang zu führen, also über eine Brücke zwischen Neuendorfer und Deutschem Eck. Der Plan ist zum Glück verworfen worden; anders wäre Koblenz zum Rhein hin genauso zugemauert worden wie Ehrenbreitstein, und die Moselmündung hätte einen erheblich anderen Charakter bekommen.

Straßen und Häuser ließen Geschichte ahnen

Das Koblenz vor dem Zweiten Weltkrieg kannte erst richtig, wer die Straßen und deren Wesen begriffen hatte. Der Satz, daß ein Weißergässer kein Kastorgässer gewesen sei, klingt für Fremde geradezu lächerlich selbstverständlich. Aber Koblenzer wissen, daß es zwischen beiden Straßen, die nur fünf Minuten Fußweg auseinander lagen, eine Rivalität gab, und daß einem Kastorgässer kaum zuzumuten gewesen wäre bei einem Wohnungswechsel in die Weißergasse zu ziehen (umgekehrt war es genauso).

Koblenz bestand zwar aus Stadtvierteln, mehr aber noch aus Straßen, die sich voneinander abhoben: Häuser, Menschen und Atmosphäre, Pulsschlag und Geruch unterschieden sich. Die alte Kornpfortstraße war etwas ganz anderes als etwa die parallel verlaufende, aber erst im letzten Drittel des 19. Jahrhunderts entstandene Eltzerhofstraße, und die wiederum war nicht zu vergleichen mit der Nagelsgasse, so wie sich die Mehlgasse von der Gemüsegasse und von der Florinsgasse unterschieden hat, die alle dicht beieinander liegen; Balduin- und Clemensstraße hatten jede ihr unverwechselbares Gesicht und Innenleben, obwohl die eine gleichsam die Fortsetzung der anderen war.

Das hatte nichts mit gesellschaftlichem Status zu tun, nichts mit der Höhe des Einkommens; denn in dieser Hinsicht waren die Bewohner jeweils durchaus gemischt. Hintergrund dieses Tatbestandes kann nur die fast eigenständige geschichtliche Entwicklung vieler Straßen innerhalb der traditionsgesättigten Stadt gewesen sein.

Das ausgeprägteste Straßenbewußtsein war in der Kastorstraße zu finden. Ihre Häuser ließen noch ahnen, daß hier einst Vornehme und Reiche gewohnt haben. Freilich mußte man schon genau hinsehen, denn die meisten Fassaden hatten ihre besten Jahre längst hinter sich. Am ehesten war noch an den Giebeln die wohlhabende Vergangenheit abzulesen. Jetzt, im 20. Jahrhundert und auch schon vorher, lebten dort eher ärmere und arme Leute; viele Treppenhäuser waren trist und dunkel. Doch da wohnten auch ein paar sogenannte »Gutsituierte«, selbstbewußte Bürger; wirtschaftlich ging es ihnen gut, Gemälde und alte Möbel gehörten zu ihren Häusern oder Wohnungen.

Viertausend Menschen lebten in der Kastorstraße und ihren Nebengassen. Da saßen einige sehr eng aufeinander, Streitereien waren an der Tagesordnung. Doch die Mischung verschiedenster Menschen hatte auffallend eines gemeinsam: alle hingen an ihrer Straße. Über diese Eigenschaft schrieb in den »Mitteilungen des Rheinischen Vereins für Denkmalpflege und Heimatschutz« der Königliche Bauinspektor E. Müller am 15. Juli 1908: »Die Zähigkeit und Liebe, mit der die Bewohner an ihrer Kastorstraße hängen, beruhen wahrscheinlich auf früherer, mit besonderen Rechten ausgestatteter Selbständigkeit dieses Gemeindebezirks, der wohl schon in den ältesten Zeiten die Niederlassung der Fischer und Schiffer in sich schloß.«

Ähnlich stark mit ihrer Straße verbunden waren wohl nur noch die Weißergässer. Beide Bezirke haben ja auch ihre eigene, jahrhundertealte Kirmestradition; die der Kastorgässer geht auf das Jahr 1225 zurück (Weihe der Franziskanerkirche am Hospitalsplatz), die der Weißergässer auf die Weihe der Dominikanerkirche 1233. Das wohl schönste Koblenzer Tor führte zur Klosteranlage der Dominikaner an der Weißerstraße (nebenstehendes Bild). Es ist 1754 erbaut worden; neben »Maria Victoria« stehen die Statuen der Heiligen Thomas v. Aquin und Dominikus. Seit ihrer Säkularisierung 1794 wurde die Kirche für verschiedene Zwecke verwendet. Zuletzt waren Wohnungen darin eingerichtet, nachdem Zwischendecken eingezogen worden waren. Hier war wohl einer der ärmlichsten Wohnbereiche der Stadt, in dem auch sogenannte »Asoziale« untergebracht waren. Angeregt von den Olympischen Spielen, die 1936 in Berlin stattfanden, gab der Koblenzer Volksmund der Gegend hinter dem »Maria-Victoria«-Tor einen neuen Namen: Da hier – als Folge der Besatzungszeit – auch dunkelhäutige Mischlinge lebten und überhaupt der Eindruck eines bunten Völkergemischs herrschte, hieß das Viertel seitdem »Olympisches Dorf«.

✦

Zu den Straßen gehörten die zweirädrigen Karren der Handwerker; denn Koblenz war nicht nur, wie es gemeinhin heißt, eine Beamten-, Handels- und Garnisonstadt, sondern mindestens ebenso sehr eine Handwerkerstadt. In der Rückblende wirken solche Handwagen beschaulich, angenehm, gemütlich. Ein Lehrling oder Geselle, der damals eine Karre schieben oder ziehen mußte, dachte jedoch vermutlich anders darüber. Selbst wenn beispielsweise ein Installateur zu einer Reparatur nach Bendorf gerufen wurde, mußte das Material so mühsam und zeitraubend dorthin gebracht werden; ein Handwerker hatte noch kein Auto.

Die Motorisierung machte, entsprechend der allgemeinen Entwicklung, nur langsame Fortschritte. Zwar kaufte schon 1897 Carl Löhr (Mitinhaber der Firma Löhr u. Becker) als erster Koblenzer ein Personenauto und 1898 als zweiter der Tabakgroßhändler Louis Crecelius, aber der Fabrikant Meyer-Alberti aus Lützel, allgemein Couverten-Meyer genannt, fuhr noch in den frühen 30er Jahren mit einer Kutsche durch die Stadt. Der erste kräftige Auto-Ansturm kam mit der Eröffnung des Nürburgrings 1927. Ein großer

Portal des Dominikanerklosters in der Weißerstraße ▷

Teil der Wettkampfbesucher fuhr mit Autos und Motorrädern durch Koblenz. Ein interessantes Schauspiel. Aber es dauerte nach jedem Rennen nur wenige Stunden. Ähnliches war etwa seit derselben Zeit an den Nachmittagen der Pfingstmontage zu erleben; da kamen die Autofahrer mit Ginster geschmückt aus der Eifel zurück. Ansonsten aber gehörten die Straßen und Plätze noch lange vorwiegend den Fußgängern, Radfahrern und Fuhrwerken. Dennoch klagten Geschäftsleute, daß am Altlöhrtor zu viele Autos parkten, meist »von Personen, die in der Löhrstraße einkaufen«.

★

Um die Jahrhundertwende machte die Stadtentwicklung einen mächtigen Sprung vorwärts: seit 1896 durfte Koblenz sich über die bis dahin einengenden preußischen Befestigungen hinaus ausdehnen. Die Mauern und Gräben am Süd- und Westrand der Stadt wurden eingeebnet; an ihrer Stelle

Oben links: Blick durch die Weißergasse auf die »Ritsch«
Oben rechts: Platz in der Weißergasse mit dem »Maria-Viktoria«-Portal. Auf diesem Platz stellten die Weißergässer alljährlich ihren Kirmesbaum auf
Links: Zwei der Vier Türme (aus der Löhrstraße gesehen)

entstanden der Kaiser-Wilhelm-Ring und der Kaiserin-Augusta-Ring (nach dem Zweiten Weltkrieg in »Friedrich-Ebert-Ring« und »Moselring« umbenannt). Von da an wuchsen schnell die neuen Wohnviertel jenseits der früheren Wälle. Vorher waren dort Felder und Weingärten; Häuser hatten nur aus Holz bestehen dürfen und mußten leicht zu zerstören sein, damit im Ernstfall die Sicht der Verteidiger über das Vorfeld der Stadt nicht gestört war.

In dieser Zeit (bis zum Ausbruch des Ersten Weltkriegs) wurden unter anderem gebaut: Die »Regierung« am Rhein, in unmittelbarer Nachbarschaft das Oberpräsidium; am Kaiser-Wilhelm-Ring die Kreisverwaltung, die Polizeidirektion, das Realgymnasium, die Oberpostdirektion, die Festhalle, die Christuskirche und die Herz-Jesu-Kirche; am Kaiserin-Augusta-Ring das Wöchnerinnenheim; ferner die Josefskirche, das neue Haus der Hildaschule, die Ursulinenschule und auf Oberwerth das Lehrerinnen-Seminar, das

Oben und rechts: Zweimal die Löhrstraße in Richtung Löhrrondell gesehen. Unten um 1900, oben 1936. Die 1705 erbauten Barbarakloster und Barbarakirche (unten) wurden 1910 abgerissen; der Filmpalast und Geschäftshäuser nehmen den Platz von Kloster und Kirche ein

Das Löhrrondell um 1890. Blick in die Löhrstraße

Waisenhaus St. Barbara am Anfang der Goldgrube, das evangelische Krankenhaus St. Martin (Stift) und das katholische Krankenhaus der Barmherzigen Brüder (Brüderhaus).

★

Mit ein wenig Wehmut denken alte Mitglieder des Lesevereins an die Zeit zurück, in der sie in den Galerräumen des Görresbaus an ihren Stammtischen zusammenkamen. Der im Januar 1863 gegründete katholische Verein hatte seine politische, gesellschaftspolitische und kirchenpolitische Geschichte und Bedeutung. Aber in seinem schon im Januar 1866 fertiggestellten Vereinshaus – dem Görresbau, »Lese« genannt – pflegte er auch die Geselligkeit, zu der nicht zuletzt die Stammtische gehörten.

Im Sommer fanden sich die Mitglieder und Freunde sonntagsvormittags oder am Abend im Garten des Lesevereins zusammen. Der große Saal diente Konzerten, Bällen und Theateraufführungen. Aus den vielen kleinen, menschlichen Aktivitäten, aus dem Sich-Anhören und Sich-Verstehen sowie aus den gemeinsamen Interessen seiner Mitglieder scheint der Leseverein seine Kraft gewonnen zu haben, die ihn für Koblenz – und darüber hinaus – wichtig machte. Mit Recht war der Leseverein stolz auf sein Vereinshaus; heute betonen die Fachleute, daß das an den Kölner Gürzenich und an die mittelalterlichen Tanz- und Festhäuser (Altes Kaufhaus) anknüpfende Gebäude zu den bedeutendsten Werken der frühen Neugotik am Mittelrhein gehöre. Die Koblenzer Protestanten ließen sich 1900 anregen, ihre Art des Lesevereins, den Evangelischen Bürgerverein, zu gründen. Er blieb ohne politische Bedeutung, denn er hatte sich ausschließlich die Pflege von Geselligkeit und Unterhaltung als Aufgabe gestellt. Der Leseverein hatte dagegen als Ziel genannt: »Wahrung und Bekundung des Glaubens in einer sich ändernden Welt«.

Ein vom Selbstverständnis her ganz und gar anderer Verein war die Casino-Gesellschaft. Auch sie pflegte die Geselligkeit, verstand sich aber als so etwas wie ein Club »der« Gesellschaft. Offiziere gehörten zum Casino, hohe Beamte, preußischer Adel. Die Ausstattung des Hauses an der Ecke Casinostraße/Gymnasialstraße bewies die Wohlhabenheit des Vereins, in dem einiger Einfluß versammelt war. Eines – und es war wohl das einzige – hatten Casino und Leseverein gemeinsam: Beide führten in ihren Kellern und in ihren Galerräumen sehr gute Weine. Keine unsympathische Gemeinsamkeit.

Die sich selbst als exklusiv begreifende Casino-Gesellschaft war um die Jahreswende 1807/08 gegründet worden, also in der »Franzosen-Zeit«. Zu ihren 90 Gründungsmitgliedern

Oben: Die für Koblenzer Verhältnisse breite Schloßstraße (an der Kreuzung Viktoriastraße) wenige Jahre vor 1900

Unten: Löhrstraße in Richtung Vier Türme und Marktstraße. Das Foto wurde kurz vor der Jahrhundertwende gemacht

Oben: Der Entenpfuhl vor der Jahrhundertwende, rechts zweigt die Braugasse zur Liebfrauenkirche hin ab

Unten: Die Rheinstraße vom Rheinufer aus gesehen. Rechts das weithin renommierte Hotel »Zum Riesenfürstenhof«

Die Kastorstraße von der Kreuzung Nagelsgasse/Schwanenpforte aus in Richtung Hospitalsplatz gesehen. Das zweite Haus von links ist die Gaststätte »Zum Alten Fritz«, wo gelegentlich die Fäuste von Rhein- und Moselschiffern flogen

gehörten auch sechs Franzosen. Mitglieder der Armee waren Ehrenmitglieder der Casino-Gesellschaft, die ein Teil der damaligen Honoratioren-Gesellschaft war.

★

Manche Schönheit der Stadt haben aufmerksame Fremde sicherer erkannt als viele Einheimische; etwa die schönen Giebel der Altstadt, die vielen Erker oder den Innenhof des Hauses »Zum Schwarzen Bären« in der Kornpfortstraße 24. Die Bewohner dieses Hauses und die Nachbarn sahen eher die Mängel, die es als Wohnhaus hatte; auswärtige Besucher aber waren von den Galerien begeistert (Bild Seite 39, links oben).

Auch der Rest eines Kreuzgangs an der Nordseite der Florinskirche gehörte zu den versteckten Sehenswürdigkeiten der Stadt. Wir haben ihn als Schüler entdeckt, weil unser Zeichenlehrer mit uns dorthin gegangen ist: an dem Kreuzgang-Stück mußten wir perspektivisches Zeichnen üben. So lernte ich eine kleine, aber schöne Ecke der Stadt kennen; eine Ecke, die ganz gewiß auch den immer zahlreicher werdenden flüchtigen Durchreisenden verborgen geblieben ist.

Wie sehr die Zahl der Besucher stieg, geht daraus hervor, daß in den 20er Jahren die Fremdenübernachtungen schon nach Hunderttausenden gezählt wurden. Die Köln-Düsseldorfer Dampfschiffahrtsgesellschaft registrierte in Koblenz die meisten ein- und aussteigenden Fahrgäste, mehr als in Köln. Die Hotels boten verhältnismäßig viele Betten an (Riesenfürstenhof und Koblenzer Hof je 150, Traube und Monopol je 120, Höhmann 100 und so weiter). Trotzdem reichten an manchen Sommer-Wochenenden die Betten nicht. Dann vermittelten die Hotels Privatquartiere in ihrer Nachbarschaft. Viel Geld konnten die Familien dabei nicht verdienen; denn die Zimmer in den Hotels waren schon nicht teuer: Das Christliche Hospiz am Kaiserin-Augusta-Ring bot in einem Reiseführer des Jahres 1927 Zimmer für 2,50 Mark an, Vollpension sechs Mark; im Weinhaus Scheid am Florinsmarkt gab es Zimmer ab drei Mark, Vollpension sechs Mark.

★

Die Löhrstraße war nicht nur Hauptgeschäftsstraße, sondern sie hieß auch »Rennbahn«, weil manche Achtzehn- oder Zwanzigjährigen feingemacht dort flanierten. Der Betrieb, den die Löhrstraße bewältigte, war beträchtlich; nicht zuletzt durch die Straßenbahn, die sich – ständig bimmelnd – durch die Enge quälen mußte. Für die Straßenbahner der Linie Rhein–Hauptbahnhof–Oberwerth war

diese Bedrängnis freilich nichts Außergewöhnliches; viel besser sah es auf großen Teilen ihrer Strecke nicht aus. Deshalb fuhren in Koblenz nur verhältnismäßig kleine Straßenbahnwagen und ohne Anhänger; größere Züge hätten die Kurven Firmung/Entenpfuhl und Plan/Löhrstraße nicht geschafft. Doch unabhängig von der Länge der Wagen waren Fahrgäste, Fahrer und Schaffner nicht gerade durch übermäßigen Komfort verwöhnt: Zwei lange Holzbänke an den Seiten, der Fahrer mußte stehen, im Winter konnte er sich nur durch einen dicken Mantel, ebensolche Schuhe und Handschuhe sowie durch Ohrenklappen schützen – Heizung gab's für ihn nicht; sie wäre sinnlos gewesen, denn die Wärme wäre durch die nur halbhohen Türen der Wagen sofort entwichen.

Eine kleine Attraktion der Löhrstraße war das Automaten-Restaurant, etwa gegenüber der Einmündung der Altlöhrtorstraße in die Löhrstraße. Dort speiste zwar nicht der

Oben links: Alte Wohnhäuser in der Moselstraße
Oben rechts: Die Rheinstraße in einem Foto nach einem Druck aus den 30er Jahren. Links das Hotel-Restaurant »Rheingold«, es folgen die Restaurants »Zum Rebstock«, »Schipka-Paß«, »Berliner Hof« und »Wiener Hof«
Links: Miteinander vertraut – Kastorkirche und -straße

Koblenzer Bürger, aber für damalige Zeiten war es lustig und kurios, nach dem Einwurf eines oder mehrerer Groschen ein belegtes Brötchen oder ein Getränk aus einem Fach der langen Automatenwand ziehen zu können.

★

Im Sommer sah und hörte man Wandervögel – so hießen über viele Jahre wandernde Gruppen, sie nannten sich selbst so, waren eine Bewegung, und der Name klang aus keinem Mund abfällig. Sie hatten Gitarren (Klampfen) oder Mandolinen dabei und gingen singend ihren Weg, auch durch die Straßen einer Stadt. Manche brachten das Kunststück fertig, selbst auf Fahrrädern gemeinsam zu singen. »Jenseits des Tales standen ihre Zelte« oder »Wildgänse rauschen durch die Nacht« oder »Aus grauer Städte Mauern«, aber auch Volkslieder sangen sie, soweit diese einen Wander-Rhythmus hatten. Wollte eine Gruppe in Koblenz übernachten,

Oben: Die Kornpfortstraße vor der Jahrhundertwende. Rechts im Bild die »Schürjer-Madonna« (Schürjer = Hafenarbeiter). Später war die Statue auf der Höhe der ersten Etage angebracht. Gegenüber, im beschrifteten Haus, wurde in den 20er Jahren ein Kino eingerichtet
Rechts: Die Schwanenpforte, Ecke Kastorstraße (1937)

Der Kaiser-Wilhelm-Ring 1937. Im Hintergrund die zwischen 1899 und 1901 erbaute Städtische Festhalle, links das Kaiser-Wilhelm-Realgymnasium (seit 1907 an dieser Stelle), anschließend die 1909 erbaute Oberpostdirektion

Unten: Der 1872/73 erbaute Schützenhof, Blick in die Schützenstraße. 1936 wurde der Schützenhof im Zuge der Straßenarbeiten auf der Laubach niedergerissen. Nur bis 1909 war er das Haus der aus dem Mittelalter stammenden Koblenzer Schützengesellschaft; sie hatte sich mit dem Bau finanziell übernommen. An der Eröffnungsfeier des Schützenhofes hatte auch Kaiserin Augusta teilgenommen. – Auf der anderen Rheinseite schoß die »Ehrenbreitsteiner Schützengesellschaft« auf einem Schießstand im Mühlental. Die Ehrenbreitsteiner sonnten sich im Glanz ihrer Tradition: einer ihrer Schützenkönige war der letzte Kurfürst Clemens Wenzeslaus; ihr Geschichtsbuch zählte viele Prominente auf

Der Grafensitz Bassenheimer Hof im Zustand um 1890. Im Laufe der Jahre diente der Gebäudekomplex unterschiedlichen Zwecken: unter anderem dem Militär, aber auch als Pfandhauskasse und Sparkasse sowie als Volksschule

dann zog sie in die Nagelsgasse zur Jugendherberge, die damals zweifellos eine gute Einrichtung, aber doch viel zu klein war.

Anderer Gesang erklang aus den Probelokalen und aus den Konzerträumen der Männergesangvereine. Man mag sie mögen oder ablehnen – einige Jahrzehnte lang hatten sie Erfolg und großen Zuspruch. Nach dem Urteil zuverlässiger Zeugen war der MGV Rheinland der leistungsfähigste von ihnen. Er belegte 1909 beim Vereinssingen in Frankfurt am Main hinter den weit über die Anhängerschaft des Männergesangs hinaus anerkannten Vereinen »Berliner Lehrer« und »Kölner MGV« den dritten Platz, und 1928 sang er beim »Sängerbundfest« in Wien ein »Stundenkonzert«, wozu ein Chor nicht kraft eigener Entscheidung anreise, sondern er mußte – auf Grund seiner Qualifikation – eingeladen sein. Der MGV Rheinland bot bis zu 190 Sänger auf. Der gleich hinter ihm rangierende MGV St. Kastor – Zeitgenossen ordnen ihn jedenfalls dort ein – hatte bis zu 120 singende Mitglieder. Daneben sind die Liedertafel, der Postgesangverein und der MGV Viktoria zu nennen.

Wenn vom Singen die Rede ist, muß wenigstens ein Name erwähnt werden (auch stellvertretend für andere, für solistische Soprane, Altistinnen, Tenöre und Bässe): Jean Pohl; ein Bariton mit Schlußnuß-Klang; ein Laie, der als Solist Berufssänger in den Schatten stellte; eine Begabung, die ihre hohe Qualität, auch musikalischen, sängerischen Intellekt, besonders im Lied bewies; ein Mann, der bei allem begründeten Selbstbewußtsein bescheiden und sympathisch blieb. Ein ungewöhnlicher Laien-Sänger.

★

Ein Bauernfuhrwerk in den Straßen der Stadt war keine Seltenheit. Zu Koblenz gehörte eng verbunden das Umland. Das Bäuerliche ergänzte das Städtische und umgekehrt. Auf der rechten Rheinseite war Arzheim eine der Ortschaften, die zwar den Einfluß der nahen Stadt spürten, die aber ihr eigenes Gesicht, ihr Eigenleben, ihren dörflichen Charakter bewahrt hatten.

In den Straßen dieses allzeit auffallend blank geputzten Dorfes war der würzige Duft der Landwirtschaft zu Hause: die heutzutage fast unbekannte Mischung aus Heu, Stall, Stroh, Mehl – und auch Misthaufen; im Herbst kam der Geruch der Kartoffelfeuer dazu. Jahreszeiten waren zu riechen, zu hören und zu sehen. Die Schneiden der Sensen

wurden auf kleinen Ambossen scharfgeklopft: Sensen-Dengeln – eine vergangene bäuerliche Schlagwerk-Musik der Wochen, in denen Heu gemacht und die Körnerfrucht geerntet wurde. Veilchen und Wiesen voller Schlüsselblumen gehörten im Frühling zu Arzheim, und im Sommer leuchteten aus den Feldern der brennend-rote Mohn und die blaue Kornblume – für die Bauern Unkraut, für die Städter eine Freude.

Arzheim war schon früh ein Ziel Koblenzer Spaziergänger. Sie steuerten das Dorf auf den drei Wegen Blindtal, Klausenburg und Mühlental an; alle drei nicht besonders weit, aber reizvoll. Schon damals waren die Gaststätten im Mühlental beliebte Ausflugsziele. Wer ein bißchen weiter als bis zur Korns Mühle ging (wo genau wie in der benachbarten Sauers Mühle eine wassergetriebene Mehlmühle lief), erreichte Abraumhalden und Förderturm des – noch nicht stillgelegten – Erzbergwerks.

Doch Arzheim ist nur ein Beispiel für die zahlreichen Ausflugsziele in der Umgebung: Stadtwald, Kaltenborns

Links: Tante-Emma-Läden gab es reichlich. Sie hießen meist »Kolonialwarengeschäft«. Hier ein solcher Laden der Witwe P. Schäfer, Eltzerhofstraße 1

Unten: Das 1870 erbaute Haus der Casino-Gesellschaft an der Ecke Casinostraße/Magazinstraße. 1907 hatte die 1807 gegründete Gesellschaft 421 ordentliche Mitglieder und 475 Kartenmitglieder (die nur vorübergehend in Koblenz lebten)

Brünnchen, Kühkopf, Dommelsberg, Remstecken, Kondertal, Bienhorntal, Kratzkopfer Hof, Schmittenhöhe, Ruppertsklamm, Niederberg, Arenberg, Humboldtshöhe; die Liste läßt sich fast beliebig verlängern. Und dies sind nur die nahen Ziele. Mit ihnen ist nicht das Wandern der Jugend – vorwiegend der Jungen und jungen Männer – erfaßt, die mit Brotbeutel oder Rucksack und Feldflasche »auf Fahrt« ging: aus grauer Städte Mauern..., aus einer Stadt, die ihre Tradition hatte, in eine Landschaft, die so intakt war, daß man, ohne gesundheitlichen Schaden befürchten zu müssen, aus jeder Quelle trinken konnte.

★

Einen aufschlußreichen Blick in die Zeit erlauben Annoncen in den Zeitungen. Ein paar Beispiele aus den Jahren 1927/1928:

»Sauberes, zuverlässiges Alleinmädchen, das schon in besseren Häusern tätig war und gute Zeugnisse hat, gesucht. Perfektes Kochen erforderlich, ein zweijähriges Kind ist zu versorgen.«

»Dienstmädchen, perfekt in Haushalt und Küche, sofort

Rechts: Wohn- und Geschäftshaus Löhrstraße 54

Unten: Nur wenigen Koblenzern war bekannt, daß am Plan 14 hinter dem Geschäftshaus Knödgen – und zu ihm gehörend – dieser schöne Saalbau aus der Rokokozeit stand, der vermutlich 1764 von dem Geheimen Rat und Vertrauten des Kurfürsten Johann Philipp, Miltz, gebaut worden ist. Bis zur Zerstörung war darin die Knödgen-Verwaltung

gesucht. Vorzustellen Viktoriastraße... Frau Notar Weber.«

»Für kleinen ruhigen Haushalt (drei Erwachsene) Alleinmädchen gesucht, das gut bürgerlich kochen kann, gute Zeugnisse hat... Frau Amtsgerichtsrat Scheuffgen.«

Ergänzend ist daran zu erinnern, daß ein sogenanntes Dienstmädchen nur ein geringes Entgelt bekam. Es wohnte bei der »Herrschaft«, erhielt Essen und Kleidung und nach späterem Verständnis ein besseres Taschengeld. Viele dieser Mädchen kamen aus den Dörfern des Maifelds und des vorderen Hunsrücks. Sie verstanden die Jahre in den städtischen Familien als eine Lehrzeit, in denen sie Kochen und Haushaltsführung lernten.

Am 1. Juni 1928 machte die Firma Richard Brieg auf ihre Angebote aufmerksam: Rehrücken Pfund zwei Mark, Rehkeule 1,80 Mark, ein Pfund Rehragout 70 Pfennig. Mastgänse das Pfund 1,80 und ein Pfund Mastente 2,20 Mark. Eine Notiz aus dem Lokalteil des Generalanzeigers vom 21. April 1927 sei hinzugefügt: Über 29 000 stellenlose Junglehrer in Preußen! Das waren 36,5 Prozent aller Lehrer dieses Landes. Das Problem hat sich also nicht erst in den 70er Jahren der Bundesrepublik Deutschland gestellt.

Eines der schönsten Koblenzer Bürgerhäuser: die Hirsch-Apotheke am Plan, erbaut 1606, renoviert 1903. Das Innere (Bild unten) war nicht etwa ein Museum, sondern in dieser eindrucksvollen Umgebung wurde gewohnt und gelebt. Das große Gemälde zeigt den Kurfürsten Clemens Wenzeslaus

Hof des »Schwarzen Bären«, Kornpfortstraße 24

Geburtshaus der Mutter Beethovens in Ehrenbreitstein

Tür des Clemens'schen Bankhauses (1937)

Fachwerkhaus am Hospitalplatz in der Kastorstraße

Oben: Das Hotel »Monopol« in der Schloßstraße (Ecke Löhrrondell) ist ein Beispiel für viele angesehene Häuser des Gastgewerbes. Zusammen mit den Vororten konnte Koblenz an die zweitausend Hotelbetten anbieten. An der Spitze lagen der »Riesenfürstenhof« und der »Koblenzer Hof« mit je 150 Betten, gefolgt von »Traube« und »Monopol« mit je 120, »Höhmann« am Bahnhof hatte 100, »Continental« (ebenfalls am Bahnhof) 50 Betten. In den Vororten war »Bellevue« in Stolzenfels mit 65 Betten das größte Hotel.

Unten: Im Wöchnerinnen-Heim am Kaiserin-Augusta-Ring (Moselring) wurden viele Koblenzer geboren. Es ergänzte die um 1900 und einige Jahre später entstandenen Krankenhäuser Marienhof (Schwestern vom Hl. Geist), Kemperhof (ursprünglich ein Gut der Zisterzienser-Abtei Camp bei Moers und zuletzt bis 1920 »Knabenpensionat«), Evangelisches Stift, Brüderhaus, Dominikanerinnen-Krankenhaus in Moselweiß, später kam das Rizza-Heim dazu. In Ehrenbreitstein stand das 1850 erbaute Josefs-Krankenhaus.

Der Plan vor der Jahrhundertwende. Um diese Zeit waren die Häuser der späteren Feuerwache noch Rathaus. Rechts im Bild das Geburtshaus der berühmten und in aller Welt gefeierten Koblenzer Sängerin Henriette Sontag

Neun Plätze zwischen Rhein und Mosel

Unter den Koblenzer Plätzen hatte keiner einen eindeutigen Vorrang. Vielleicht lag das an der großen Zahl: Kastorhof, Goebenplatz, Clemensplatz, Schloßplatz, Jesuitenplatz, Plan, Münzplatz, an der Liebfrauenkirche, Florinsmarkt; das sind neun Plätze auf verhältnismäßig engem Raum. Zwischen 1805 und 1895 war wohl der Plan ein wenig übergeordnet, weil während dieser Zeit dort in der späteren Feuerwache der Bürgermeister beziehungsweise der Oberbürgermeister seinen Sitz hatte.

Auf diesem Platz erlebten viele Bürger auch den Übergang in das neue, das 20. Jahrhundert. In einem Bericht des »Coblenzer Generalanzeigers« heißt es über dieses Ereignis: »Das neue Jahr und das neue Jahrhundert traten in der Silvesternacht ihre Herrschaft an, und um sie zu begrüßen, hatten sich ein paar tausend Einwohner aller Stände auf dem Plan eingefunden. Gegen zwölf Uhr kamen sie in hellen Scharen von allen Richtungen zu dem Platz gezogen, der sich immer mehr mit einer gespannt die Minuten zählenden Menge füllte. Punkt zwölf ertönte von der Höhe herab der Ruf ›Prosit Neujahr‹. Das war das Signal für ein Rufen und Schreien, das geradezu ohrenbetäubend wirkte. Auch ruhige Glückwünsche und feste Händedrücke wurden inmitten dieses Tumultes ausgetauscht... Sonst war es verhältnismäßig ruhig in der Silvesternacht. Den Anwohnern der Moselstraße bereiteten die im Sicherheitshafen liegenden Schiffe eine Neujahrsüberraschung, indem man dort sämtliche Schiffsglocken läutete. Von der Florinskirche ertönten ebenfalls um zwölf Uhr die Glocken, während auf der Ehrenbreitsteiner Seite das neue Jahr mit Böllerschüssen begrüßt wurde...«

1895 zog die Stadtverwaltung in das »Jesuiten-Gymnasium«, für das – nun unter dem Namen »Kaiserin-Augusta-Gymnasium« – auf einem Nachbargrundstück ein neues Haus gebaut worden war. Im Rathaus am Jesuitenplatz residierten und regierten in der Zeit, mit der dieses Buch sich beschäftigt, folgende Oberbürgermeister:

Bis 1900 Emil Schüller,
1900 – 1914 Karl Ortmann,

Ehemaliges Jesuitenkolleg, später Kurfürstliches, dann Preußisches Gymnasium und schließlich seit 1895 Rathaus. Oben in einer Aufnahme aus dem Jahr 1890 von der Casinostraße aus gesehen. Unten Jesuitenplatz mit Rathaus und Johannes-Müller-Denkmal 1937. Der bedeutende Anatom und Physiologe Johannes Peter Müller, der die neuzeitliche, naturwissenschaftlich begründete Heilkunde eingeführt hat, ist am 14. Juli 1801 in der Jesuitengasse geboren. Schon als Fünfundzwanzigjähriger lehrte er als Professor in Bonn, mit 30 Jahren in Berlin, wo er zweimal Rektor der Universität war. Einer seiner Schüler war Virchow. Am 28. April 1858 ist Müller in Berlin gestorben

1915 – 1919 Bernhard Clostermann,
1919 – 1931 Dr. Karl Russell,
1931 – 1933 Dr. Hugo Rosendahl,
1933 – 1939 Otto Wittgen.

In dieser Zeit erhielten die Würde eines Ehrenbürgers der Stadt Koblenz: Dr. Berthold Nasse, Oberpräsident der Rheinprovinz; Geheimer Justizrat Julius Fischel; Geheimer Kommerzienrat Julius Wegeler; Dr. Clemens Freiherr v. Schorlemer, Minister, Oberpräsident der Rheinprovinz, Reichspräsident v. Hindenburg; Geheimer Justizrat Eduard Müller; Dr. Freiherr v. Rheinbaben, Minister; Dr. h. c. Hans Fuchs, Minister, Oberpräsident der Rheinprovinz.

Zum Rathaus gehört die »Nationalhymne«, das Lied vom »Kowelenzer Schängelche«. Josef Cornelius hat es 1914 verfaßt, Karl Kraehmer hat es vertont. Ob dieses Lied wirklich den Rang einer lokalen Nationalhymne hat und welche Qualität es besitzt, sei dahingestellt. Die meisten Koblenzer kennen ohnehin nur den Refrain. Hier wenigstens ein Teil des Textes:

Et es bekannt doch iwweral,
Et waiß och jedes Kend,
Dat närjens en der ganze Welt
Die Schängelcher mer fend,
Als hei bei ons am Deitsche Eck,
Wo seit uralter Zeit
Dat Kowelenzer Schängelche
Am allerbest gedeiht.
Et es vur kainem bang
On singt sei Lewe lang:
Refrain:
E lustich Kowelenzer Schängelche ich sein,
Gedaaft met Rhein- on Musselwasser on met Wein,
Gesond an Herz, an Lewer on an Lung,
On sein och meiner Modder ihre allerbeste Jung.

Am Kastorplatz (Kastorhof) hatten Städtebauer sicherlich manches auszusetzen, nachdem um 1800 die Stiftsgebäude von Kastor abgerissen worden waren. Aber vielen Generationen junger Koblenzer hat er seitdem wegen seiner Größe gefallen: viele Gruppen konnten dort spielen – auch Fußball – ohne daß sie sich gegenseitig stören mußten. Und wenn ein übers andere Jahr die Fronleichnams-Prozession mit dem Schlußsegen auf diesem Platz endete, dann wirkte er wie eine große Kirche aus Bäumen.

Am 1. Januar 1914 kamen einige tausend Bürger der Stadt

Oben: Hier wird die bei 1939 gezogene zeitliche Begrenzung dieses Buches überschritten: Der Schängelbrunnen am Rathaus wurde 1940 errichtet. Am meisten bewundert wird der im weiten Bogen spuckende »Schängel«

Links: Der Jesuitenplatz war rundum von alten und interessanten Häusern eingefaßt. Das machte ihn zu einem der schönsten Plätze der Stadt

Goebenplatz (heute Görresplatz, früher Paradeplatz) mit Goebendenkmal, rechts das Baedekerhaus, in dem Karl Baedeker 1828 mit der Herausgabe seiner Reisebücher begonnen hat, August v. Goeben war von 1870 bis zu seinem Tod 1880 Chef des »Generalkommandos« im Von-der-Leyensche Hof und galt als bedeutender deutscher Heerführer

Florinsmarkt mit Schöffenhaus und dem alten Kaufhaus um 1925. Vor dem Schöffenhaus eine Theateraufführung

Der 1355 erbaute Von-der-Leyensche Hof, ab 6. Dezember 1815 Generalkommando des VIII. Armeekorps

auf dem Kastorplatz zur Jahrhundertfeier der Befreiung von französischer Herrschaft zusammen. Die »Volkszeitung« schrieb damals: »Die Häuser trugen reichen Fahnenschmuck. Die vereinigte Koblenzer Sängerschaft sang die herrliche Hymne ›Die Himmel rühmen des Ewigen Ehre‹ von Beethoven. Oberbürgermeister Ortmann hielt, vor dem Brunnen stehend, folgende Ansprache: ›... Dankerfüllten Herzens schauen wir heute zu Gott empor, der uns aus unwürdiger Knechtschaft befreit hat. Kein Feind hat seitdem mehr unseren Rheinstrom hier betreten... Wir haben unser großes deutsches Vaterland in neuer Kraft und Herrlichkeit wiedererstehen sehen, und wir freuen uns der machtvollen Stellung, die es heute im Rate der Völker einnimmt‹.«

Diese Feier führt in Gedanken zurück in die Jahre, in denen der Kastorbrunnen erbaut worden ist. Der letzte französische Präfekt, Jules Doazan, hatte 1810 einen sechs Jahre alten Plan aufgegriffen und den Brunnen – damals gekrönt von einer Figurengruppe aus Kalkstein, Rhein und Mosel darstellend – als Denkmal zu Ehren der französischen Nation errichten lassen. Zur Eröffnung am 15. August 1812 (Geburtstag des Kaisers Napoleon) floß Wein aus dem Brunnen, bevor er an die Wasserleitung angeschlossen wurde. Voreilig ließ der Baumeister, während Doazan abwesend war und der Rußlandfeldzug Napoleons stockte, folgende in schlechtem Französisch verfaßte Inschrift einmeißeln: »Napoleon dem Großen – Zur Erinnerung an den Feldzug gegen die Russen – Unter der Präfektur von Jules Doazan.« Nachdem in der Neujahrsnacht 1813/14 russische Truppen in Koblenz eingerückt waren, die den flüchtenden Napoleon verfolgten, ließ der russische Stadtkommandant der Brunneninschrift ironisch hinzufügen: »Gesehen und genehmigt durch den russischen Kommandanten der Stadt Koblenz – 1. Januar 1814«. Der russische Offizier hatte erfahren, daß Doazan Beschlüsse des Präfekturrates mit den Worten »Vu et approuvé...« (gesehen und genehmigt) gebilligt hatte.

Am westlichen Ausläufer des Kastorplatzes stand der Von-der-Leyensche Hof, von den Koblenzern »Generalkommando« genannt, weil in diesem Haus seit 1815 die Führung des achten Armeekorps ihren Sitz hatte. Gneisenau war hier der erste kommandierende General. Ihm folgten Goeben, Roon, Moltke und Hindenburg.

Kastorbrunnen und der dem Generalkommando gegenüberliegende Teil des Kastorplatzes um die Jahrhundertwende

Er wußte alle Namenstage auswendig: Andun

Originale und Schildbürger

Zu Koblenz gehörten – wie zu vielen Städten jener Zeit – Originale. Sie waren sicherlich nicht Ausdruck menschlichen Glücks. Aber sie waren lebendiger, auch interessanter Bestandteil einer Stadt. Nicht alles, was sie taten, war lustig und heiter – dazu hatten sie auch keinen Grund. Doch sie hatten etwas Unverwechselbares. Gewiß waren sie auch Gegenstand des Spotts; sie wurden gereizt, gehänselt.
Im Bürger-Hospital – kurz »Spital« genannt – das an einem Platz etwa in der Mitte der Kastorstraße lag, wohnte der »Andun« (Spitals-Andun). Sein Erkennungszeichen waren riesige Plattfüße, die fast quer standen. Seine Spezialität: Er wußte die Daten aller Namenstage und wurde oft gefragt: »Andun, ich heiße (dann kam der Name); wann hab' ich Namenstag?« Er brauchte nie länger als wenige Sekunden zum Nachdenken. Dann kam die Antwort. Er versagte nie – auch nicht bei ausgefallenen Namen.

Andun war ein liebenswürdiger Mann, der vermutlich auf seine Weise glücklich und zufrieden war. In der Altstadt kannte ihn jedermann, und an seinem eigenen Namenstag, am 13. Juni (Antonius) wurde er geehrt, gefeiert und beschenkt: eine Kette aus Würstchen um den Hals, Zigarren, Getränke und laute, ehrlich gemeinte Glückwünsche. Andun genoß die Ehrungen.

Von ganz anderer Art war »dä Laakes«, auch »Kabänes« genannt, oft mit beiden Bezeichnungen »Laakes, Kabänes« gerufen. Er war groß, breit und kräftig (daher wohl auch seine Namen, die soviel wie »schwerer, großer Kerl« bedeuten). Der Sprache nach stammte er aus dem Maifeld. Laakes war durchaus gutmütig; aber seine Stimmung konnte von einer Sekunde zur anderen in Zorn und Wut umschlagen. Da stand er zum Beispiel an der Ecke Kornpfortstraße/Unterm Stern und unterhielt sich ruhig, belanglos mit anderen »Eckenstehern«. Plötzlich kam von irgendwoher der Ruf »Laakes« und wie ein Echo »Laakes, Kabänes«, noch einmal und noch einmal. Das ertrug er nicht. Er drohte den Rufern, die sich in sicherer Entfernung aufhielten, mit beiden Fäusten, und wie in ohnmächtiger Wut packte er das Eckhaus, an dem er stand, so als ob er es – wie Samson im Alten Testament – mit seinen Händen in den Grundfesten erschüttern und zum Einstürzen bringen wollte.

Ein anderes Erlebnis. Laakes geht langsam durch Lützel, zwischen alter und neuer Moselbrücke. Er bewegt sich in Richtung »Maria Hilf«, jener kleinen Wallfahrtskapelle, zu der oft Koblenzer und auch Katholiken aus der nahen und weiteren Umgebung pilgerten. Da rufen ein paar Jungen »Laakes – Kabänes – Laakes – Kabänes«. Laakes dreht sich um und ruft zornig: »Awei jon ech no Marea Helef bede. Awer wenn ech zereck komme, dann dräen ech euch de Hals eröm.« Wie sinnig. Auf Hochdeutsch heißt das nämlich: »Jetzt gehe ich nach Maria Hilf beten. Aber wenn ich zurück komme, dann drehe ich euch den Hals um.« Als ob Maria auch dabei helfen würde.

Hatte Laakes noch ein gemischtes Naturell, so neigte Hammerschmidt schon ziemlich eindeutig zur Bösartigkeit. Freilich hatte er ein schweres Los zu tragen. Er hatte etwa die Größe eines Liliputaners, ohne daß er ein Liliputaner war, und konnte sich nur mit Hilfe von zwei Krücken fortbewegen. Oft stand er am Portal der Liebfrauenkirche und bettelte dort – nicht nur für den Lebensunterhalt, sondern auch für Alkohol. Häufig fluchte er und drohte mit dem Krückstock, wenn ihm jemand nichts gab.

Wenn in Geschäften ein Mann die Schönheit der jungen Damen hinter den Theken pries, dann war »Husch-Husch« in Aktion; ein im Grunde genommen gebildeter Mann, aber doch auch ein versponnener. Seinen Namen hatte er bekom-

Seit 1805 war das 1694 erbaute Franziskanerkloster städtisches Hospital, später Altenheim. In der Weihe der Franziskanerkirche (1225) hat die Kastorgässer Kirmes ihren Ursprung. – Unten: Ein Wartezimmer im Erdgeschoß des Hospitals

men, weil er seine Auftritte gern mit einem geraunten »Husch-Husch« eröffnete oder beendete. Auch »Otto« gehörte zu den gebildeten Originalen. Ihm widmeten sich besonders die höheren Schüler, indem sie ihm ein langgezogenes »Ottooo« nachriefen. Das regte ihn auf, und nicht selten klopfte er bei den Direktoren der Gymnasien an, um sich über Schüler zu beschweren. Natürlich rief ihm beim Verlassen des Gymnasiums irgendein Junge wieder »Ottooo« nach.

Das »Pfefferminzje« muß genannt werden, wenn von den Koblenzer Originalen die Rede ist. Angeblich hieß diese Frau Annemarie Stein und kam aus Bonn. Sie sammelte Wurstreste für Katzen und Hunde. Durch Hausieren mit Zuckerzeug, besonders mit Pfefferminzchen, brachte sie das Geld zusammen, das sie fürs Leben brauchte. In den Gastwirtschaften der Altstadt trug sie selbstverfaßte Stegreifverse vor und pries ihre Pfefferminzchen an. Da ihr Mund zahnlos war, klang das etwa wie »Pepfermindje«. Wenn sie merkte, daß sie gut »ankam« und der Umsatz entsprechend stieg, war sie auch bereit, Tänze vorzuführen. Noch im 19. Jahrhundert starb der Hausierer Peter Schneider, genannt »Gummi«. Ein Nervenleiden hatte dazu geführt, daß seine Bewegungen keine Festigkeit mehr hatten. So bekam er seinen Namen. Auf seinem Grab steht der Spruch:

Im Leben hieß ich Peter Schneider
Im Laufen war ich lustig, heiter
Der Volksmund nannt' mich Gummi
Der Herrgott warf mich ummi.

Das ist nur eine Auswahl. Heutzutage meinen wir, die Originale seien ausgestorben. Doch schon 1908 wurde in den »Mitteilungen des Rheinischen Vereins für Denkmalpflege und Heimatschutz« geklagt: »Mit den alten Bildern der Straßen schwinden auch die ›Originale‹ der Stadt, die eben nur in einer Umgebung gedeihen können, die selbst den Stempel des Selbstgewordenen und Unabhängigen trägt ... Ohne die derbe Geradheit des Originals verfällt eine jede Stadt der großstädtischen Verflachung«.

Aber: Umfaßt der Begriff »Original« nicht mehr als jene Menschen, die in den Straßen durch ungewöhnliches Verhalten, durch Lautheit, Derbheit, Witze oder gar durch Gebrechen auffallen? – Da ist zum Beispiel an Emil Franken zu erinnern, dessen Elternhaus in der Mehlgasse steht. Er darf nicht in einem Atemzug mit Andun, Laakes, Pfefferminzje genannt werden; denn er war ganz und gar das, was man einen normalen Bürger zu nennen pflegt; er war ein Koblenzer mit einer großen Liebe für die kleinen Dinge, die in seiner Stadt passierten. Emil Franken versorgte die Zeitungsredaktionen mit kleinen Nachrichten, die oftmals den Lokalseiten erst das typisch Koblenzerische gaben. Viele Stunden des Tages verbrachte er am Rhein, in der Nähe der Schiffbrücke. Dort stand oder saß er bei seinen Freunden vom »Geländerverein«, ließ sich erzählen und beobachtete, redete mit den Anglern und den Kioskbesitzern. Täglich lieferte er bescheiden seine Manuskripte in den Redaktionen ab. Die Lokalredakteure konnten sich auf ihn verlassen, auf den kleinen, untersetzten Mann mit lustigen Augen und hellwachen Ohren.

Emil Franken schleppte das heran, worum die hauptberuflichen Journalisten sich nicht kümmerten, wohl auch nicht kümmern konnten, und er freute sich, wenn er morgens ein paar seiner Meldungen gedruckt fand. Wahrscheinlich ist er von manchem belächelt worden, aber ohne Emil Franken und ohne seine kleine Emsigkeit wäre viel Menschliches und Alltägliches nicht registriert worden. Ein Original? – Nicht wie Otto, aber gewiß ein Original im besten Sinn.

Und: War nicht, in allem Respekt sei es gefragt, etwa der hochintelligente Alexander Baldus, der als Übersetzer skandinavischer Literatur einen Namen hatte, der aber, wie wir heute wissen, seine Umgebung auf bemerkenswerte Weise an der Nase herumführte – war nicht auch er ein Original, und wachsen solche nicht doch immer wieder nach?

Von Originalen zu einem Schildbürgerstreich ist nur ein kleiner Schritt. Gemeint ist hier das Schicksal des Festungsschirrhofs, der 1788/89 erbaut und – hier wird die zeitliche Grenze des Buches überschritten – im Zweiten Weltkrieg schwer beschädigt worden ist. Der Atriumbau am Clemensplatz war ein städtebauliches Gegengewicht zu dem gegenüberliegenden Theater. Diese Wirkung wollten Koblenzer Bürger, angeführt von dem Arzt und Geschichtsforscher Dr. Fritz Michel, auch nach dem Krieg erhalten wissen, als die Mauern des Schirrhofs dem heutigen Reichensperger Platz weichen mußten: Der Portalbau sollte als östlicher Abschluß des Clemensplatzes wiederaufgebaut werden. Deshalb erhielt jeder Stein, als 1949 das Gebäude niedergerissen wurde, eine Nummer. Der Wiederaufbau wäre also technisch kein Problem gewesen – hätte nicht ein Behördenleiter es zugelassen, daß diese sorgsam numerierten Steine zermahlen wurden. Da war nicht ein Original am Werk, sondern ein Schildbürger.

Sortiert, numeriert und zermahlen: Der Schirrhof

Als ein Beispiel für gute Koblenzer Gastronomie, aber auch für Bürgersinn stellte sich die Weinstube »Zum Hubertus« am Florinsmarkt (Fruchtmarkt) dar. Fritz Henkel hat es sich 1921 einiges kosten lassen, das aus dem Jahr 1695 stammende schöne Fachwerk seines Hauses freilegen zu lassen. Der Vergleich der Bilder oben und unten links auf dieser Seite zeigt, daß damit ein wichtiger Beitrag für das Bild des Florinsmarktes geleistet worden ist. Glücklicherweise hat das Haus den Zweiten Weltkrieg überlebt. Als Weinstube darf der »Hubertus« stellvertretend für viele andere Gasthäuser genannt werden, wie etwa Weinhaus Scheid, Winninger Weinstube, Alter Franziskaner und Neuer Franziskaner am Goebenplatz, Zum Karpfen am Kastorhof, Deutscher Kaiser, Leseverein – sie alle und andere boten jene von viel dunklem Holz (Bild unten rechts: Blick in den »Hubertus«) geförderte behagliche Atmosphäre, die für Frühschoppen und Dämmerschoppen gern gesucht wurde. Einige von ihnen waren außerdem angesehene und gern besuchte Speiselokale. Der »Hubertus« zum Beispiel machte seinem Namen durch gute Wildgerichte alle Ehre (Fritz Henkel war Jäger), im »Karpfen« gegenüber dem Generalkommando aß man mit schwerem Silber und bei Kerzenlicht Fisch aus Meer und Flüssen

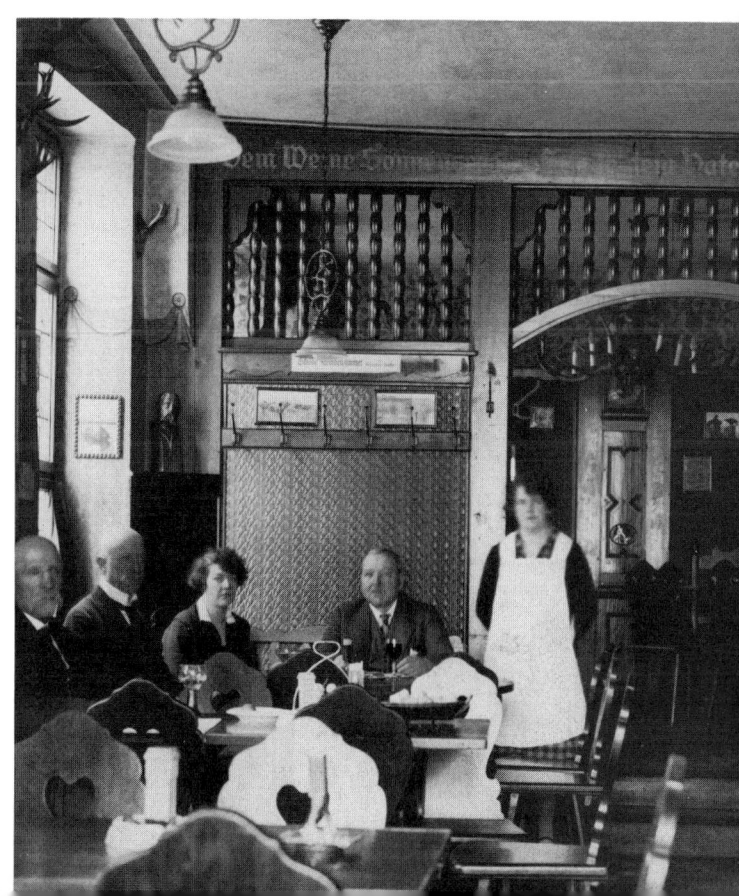

Markt auf dem Münzplatz. In einem Haus hinter den Bäumen (rechts) hatten die Freimaurer ihre Versammlungsräume

Bohnäpfel und Reseda

Markt hat wohl überall in der Welt etwas Südländisches. Das macht der Duft des frischen Gemüses und Obstes, der Kräuter und Blumen, das bunte, füllige Angebot, das Handeln und nicht zuletzt das temperamentvolle Anbieten durch die Marktleute.

Koblenz hatte seit den Jahren vor dem Ersten Weltkrieg einen solchen Markt auf dem Münzplatz, nachdem dort 1910 die »Paradies«-Häuser erbaut worden waren. Vorher hatte sich das Marktleben an der Liebfrauenkirche, in der Marktstraße und im Altenhof abgespielt.

An drei Vormittagen der Woche schlugen Bauern vom Maifeld, von der Insel Niederwerth, von den nahen Rhein- und Moseldörfern, auch Gärtner aus den Vororten der Stadt ihre Stände auf dem Münzplatz auf. Laut und wortreich priesen viele ihre Ware an, lockten und verführten zum Kauf. Butter – selbstgemacht, gesalzen und ungesalzen – durfte probiert werden; am langen, breiten Messer wurde ein Stückchen über den Stand gereicht, und die Hausfrau nahm die Probe mit einem Finger herunter. Die Hygienevorschriften waren damals weniger streng als heutzutage.

Die große Zahl der Stände – es müssen weit über hundert gewesen sein – lud zu gründlichem und kritischem Vergleich ein. Nachlässigkeiten im Angebot oder Großzügigkeiten bei den Preisen wurden an Ort und Stelle bestraft, indem die Kunden zum nächsten oder übernächsten Stand gingen. So wurde auf dem Markt Marktwirtschaft praktiziert, ohne daß dieses Wort im allgemeinen Sprachgebrauch war.

Der Markt war etwas für die Sinne: für Augen, Ohren und Nase. Seine Farben, seine Melodie und sein Duft wechselten mit den Jahreszeiten. Der rheinische Bohnapfel, der im Herbst die Luft des Marktplatzes würzte, ist wohl für immer verschwunden. Wo wird noch die unscheinbare Reseda angeboten, deren starker, herber Duft im Jahresrhythmus auf den Markt kam?

Bescheidene Vergißmeinnicht, Maikräuter, Schlüsselblumen und Goldlack, Rosen und Kartoffeln, Tauben und Töpfe, ein wenig Zeit für eine kleine Unterhaltung, liebenswürdige Übertreibungen, auch Schimpfen, breite Eifeler Mundart – das alles gehörte zum Markt auf dem Münzplatz. Nur ein kleiner Rest ist geblieben, eine Art Symbol. Dem alten Markt darf nachgetrauert werden. Er war zwar nie ein Zeichen des Wohlstandes, aber doch des Wohlbefindens.

Rechts: Markt-Atmosphäre 1929

Solange die Kastorkirche noch steht...

Die Silhouette der Stadt war vor dem Zweiten Weltkrieg nicht von Hochhäusern bestimmt, sondern von Kirchtürmen; katholisch und evangelisch – trotz der sonst üblichen Rivalitäten und Reibereien zwischen »Schwarzen« und »Blauen« – friedlich und eindrucksvoll gemischt: Kastor, Florin, Liebfrauen, die Haube der Karmeliterkirche, der schmale, spitze Turm der Jesuitenkirche, Herz-Jesu- und Christuskirche im Zentrum, Josef im Süden. Das architektonische, kunstgeschichtliche, städtebauliche und geistige Gewicht der Kirchen war unverkennbar.

Einer von ihnen kommt eine besondere Bedeutung zu: St. Kastor am Deutschen Eck. Sie hat den Ruf einer Art Mutterkirche aller anderen Koblenzer Gotteshäuser, obwohl unter Liebfrauen Fundamente einer noch älteren Kirche (5./6. Jahrhundert) gefunden worden sind. An den Kunstwerken von Kastor (zum Beispiel Birgittenbild, Kanzel, Gillenfeld-Epitaph, die 16 Bilder aus dem früheren Lettner, die Grabmäler im Chor, Gewölbe-Schlußsteine) kommt niemand vorbei, der ernsthaft Kunst in Koblenz sehen will. In dieser Kirche wurde bald nach ihrer Einweihung (836 durch Erzbischof Hetti) Geschichte gemacht: 842 verhandelten hier 110 Bevollmächtigte Ludwigs des Deutschen, Karls des Kahlen und Lothars I. über die Reichsteilung; der Friedensvertrag von 860 wurde hier verkündet; 922 versammelten sich die deutschen Bischöfe zu einer wichtigen Synode in der Kastorkirche; Kaiser Ludwig der Fromme hatte eine enge persönliche Beziehung zu Kastor.

Aber das alles erklärt nicht die Tatsache, daß später manche Koblenzer, die zu dieser Pfarrei gehörten, mit unüberhörbarem Stolz sagten: »Ich bin ein Kastorianer.« Noch heute kann es passieren, daß ein »Ehemaliger«, den es anderswohin verschlagen hat, auf die Frage, wo er in Koblenz aufgewachsen sei, mit der Antwort überrascht: »Ich stamme aus Kastor.« Damit ist nicht etwa (nur) die Kastorstraße als frühere Heimat gemeint, sondern der Satz kann aus allen Teilen der Pfarrei kommen, die vor dem Zweiten Weltkrieg rund 10 000 Seelen zählte.

Ihre Kirche war – zumindest über eine lange Zeit – für viele Kastorianer ein Stück Heimat. Ein junger Koblenzer hat das auf eindrucksvolle Weise belegt. Es war im Zweiten Weltkrieg. (Hier ist eine der Stellen, an denen dieses Buch die zeitliche Grenze 1939 überschreitet.) Der Junge war mit seiner Mutter und seinen Geschwistern in den Hunsrück evakuiert worden. Dort hörte er im Rundfunk, daß Koblenz wieder bombardiert worden sei und daß die Bomben nicht zuletzt in der Altstadt – wo sein Elternhaus stand und steht – schwere Schäden angerichtet hätten. Als sein Vater aus Koblenz im Hunsrück anrief, fragte der Junge als erstes nicht etwa »Steht unser Haus noch?«, sondern er wollte wissen: »Steht Kastor noch?« Und als der Vater das bestätigen konnte, atmete der Junge auf. Solange Kastor noch steht, gibt es ein Zuhause: mit dieser Empfindung war der Junge keineswegs ein Einzelfall. Was für eine ungewöhnlich tief gehende Verbundenheit mit einer Kirche!

Die Gründe dafür? Der Pastor kann eine Rolle gespielt haben: seit 1921 der beliebte Albert Homscheid, nach 1931 hieß er meist kurz »der Dechant«, manche nannten ihn »Bischof von Koblenz«, weil er als nichtresidierender Domherr des Trierer Doms ein Ornat trug, das dem eines Bischofs ähnelt – und er trug es gern. Homscheid war ein glänzender Prediger mit einer kraftvollen, bilderreichen Sprache, eine würdige Erscheinung, ein Mann, der seine Kastorkirche liebte, der diese Liebe zu übertragen verstand und der – unterstützt von Kaplan Paul Riehm – Wert auf eine ästhetisch schöne Liturgie legte. Aber auch in anderen Pfarreien wirkten aktive Pastöre; an Homscheid allein kann es also nicht gelegen haben. Die Architektur der Kastorkirche hat sicherlich ihren Anteil. Ihre Wirkung ist auch heute ungebrochen. Der Trierer Bischof Bornewasser hat, als er am 15. Juni 1922 zum ersten Mal in Kastor war, nicht ohne Grund begeistert gesagt: »Hier predigen die Steine mit.«

Vieles wird zusammengeflossen sein, was die tiefe Verbundenheit zwischen Kastor und den Kastorianern, die hochgemute, gelegentlich auch hochmütige Empfindung geschaffen hat, so etwas wie ein Geadelter zu sein. Ein Rest mag unerklärlich bleiben. Liebe läßt sich nicht restlos erklären.

Kastor hatte das Privileg der täglichen Rorate-Messe: In der Adventszeit wurde an jedem Morgen um 6.30 Uhr eine festliche Messe in Weiß (nicht im Violett der Adventszeit) gefeiert. Und jeden Morgen war die Kirche voll. Aus der Zeit, in der es noch keine, oder nur spärliche Straßenbeleuchtung gab und die Kirche nur mit Kerzen erleuchtet wurde, wird berichtet, die Leute seien mit Sturmlaternen nach Kastor gegangen und hätten diese während der Rorate-Messe brennen lassen. Daß die Weihnachtsmette überfüllt war, ist kaum überraschend. Interessant war jedoch, wer sich um halb fünf am Weihnachtsmorgen außer den regelmäßigen Gottesdienstbesuchern in die Kirche drängte: Viele kamen während des ganzen Jahres nur dieses eine Mal, dann aber mit Inbrunst. Sogenannte Asoziale waren darunter,

St. Kastor am Deutschen Eck – wichtig für den Mittelrhein; in wesentlichen Teilen älteste erhaltene Kirche der Stadt

auch Kommunisten (vor 1933). Schon beim Betreten murmelten sie ihre begeisterte Bewunderung für die vielen Kerzen, die auf dem Altar brannten – es waren bis zu 150 – für die Lorbeerbäume, Palmen und Blumen, für die geradezu ansteckende Feierlichkeit. Sie erfreuten sich am Duft des Weihrauchs, und wenn zum Schluß »Stille Nacht« gesungen wurde, quetschten sie ein paar Tränen heraus, und sie meinten, das Weihnachtsfest sei wieder einmal schön. Alle Jahre kehrten sie wieder; auf Kastor ließen sie nichts kommen.

Vom 26. September bis zum 4. Oktober 1936 wurde »Elfhundert Jahre St. Kastor« gefeiert – ein Fest der Katholiken aus der ganzen Stadt und unausgesprochen auch eine einwöchige Demonstration der Christen gegen die kirchenfeindlichen nationalsozialistischen Gewaltherrscher. Am 4. Oktober hielt der Trierer Bischof Franz Rudolf Bornewasser in der überfüllten Kirche zum Abschluß der Festlichkeiten ein Pontifikalamt. Bornewasser hatte zu den Bischöfen gehört, die geglaubt, wenigstens gehofft hatten, durch das Konkordat von 1933 zwischen dem Vatikan und dem Deutschen Reich ließe sich ein erträgliches Zusammenleben von Kirche und Nationalsozialisten regeln, vielleicht sogar zum Wohle Deutschlands. Die Zeit war vorbei. Die Hoffnung war zerstört. Bischof Bornewasser, dem zu einem erheblichen Teil zu verdanken ist, daß 1935 fast 91 Prozent der weitgehend katholischen und kirchentreuen Saarländer für die Rückkehr ihrer Heimat ins Deutsche Reich gestimmt haben, war – bestärkt durch seinen Generalvikar v. Meurers – etwa seit Ende 1935 zu einem offenen Gegner des Regimes geworden. Seine Kritik in Hirtenbriefen und Predigten, auch in Koblenz, und zwar in Kastor und in Herz Jesu, wurde immer unerschrockener, eindeutiger und schärfer. Die Geheime Staatspolizei bespitzelte ihn.

★

In der Berichterstattung der Volkszeitung über das große Fest in Kastor läßt sich ablesen, wie nachhaltig die Nationalsozialisten die Gesellschaft und ihre Einrichtungen in einen festen Griff genommen hatten. Diese katholische Tageszeitung, die politisch dem Zentrum nahestand, war in der Kulturkampfzeit gegründet worden und hatte sich den Nationalsozialisten während der Weimarer Zeit entsprechend kämpferisch entgegengestellt. (Der Verlag hatte seinen Sitz im Bereich der Görres-Buchhandlung, die es auch damals schon gab, Gymnasialstraße 2–4.) Sogar noch zwischen dem 30. Januar 1933, dem »Tag der Machtübernahme«, und der letzten Reichstagswahl einen Monat später (5. März) hat die Zeitung aus ihrer Ablehnung Hitlers und dessen Politik keinen Hehl gemacht. Dafür wurde sie schon am 11. März mit einem mehrtägigen Erscheinungsverbot

Das Innere der Kastorkirche vor der Restaurierung von 1928. Oben Blick durch die Kirche ins Chor, unten Blick vom Chor auf die Orgel, die 1929 durch eine neue und größere ersetzt worden ist. Das Geld für diese Arbeiten wurde weitgehend durch Haussammlungen aufgebracht, hinzu kamen einige Einzelspenden. Da die Kirche bei den großen Überschwemmungen von 1920 und 1925 sehr gelitten hatte, vermittelte Oberpräsident Fuchs einen staatlichen Zuschuß von zehntausend Mark. Die Ausmalung, die auf den beiden Fotos zu sehen ist, stammt aus der Restaurierung des Jahres 1900; bei dieser Gelegenheit erhielt die Kirche auch neue Fenster, die alle geschenkt wurden bestraft, weitere folgten. Ein Jahr nach dem 30. Januar 1933 sah die Volkszeitung offenbar keinen anderen Weg mehr, als in das allgemeine Lob einzustimmen und eine positive Bilanz des ersten Jahres nationalsozialistischer Herrschaft zu ziehen. 1936 war sie so weit gebracht worden, daß sie über die einwöchige Elfhundertjahr-Feier von St. Kastor nur einen Eröffnungsbericht brachte und zum Abschluß eine 25-Zeilen-Meldung. Ihrer Geschichte und ihrer ursprünglichen Natur nach hätte die Volkszeitung zweifellos jeden Tag jener Woche einen großen Beitrag und am Ende eine lange Betrachtung veröffentlicht. Die Nationalsozialisten ließen ihr diesen Spielraum nicht.

★

In dieser Zeit, in der es nicht immer leicht war, Christsein und Kirchenzugehörigkeit zu bekennen, wurden die Kastorkirche und die Herz-Jesu-Kirche oft von Jugendlichen aus der ganzen Stadt gefüllt: Kastor jeden Samstagabend zum gemeinsamen kirchlichen Nachtgebet (Komplet), die Herz-Jesu-Kirche, die mehr Menschen faßte, zu Bekenntnisfeiern der Jugend.
Dr. Kurt Esser, Kaplan an St. Kastor und in Vertretung des Stadtjugendpfarrers Dr. Chardon der eigentliche Stadtjugendseelsorger, hat sich in den Jahren nach 1937 (als er diese Aufgaben übernahm) große Verdienste erworben. Die Katholische Jugend wurde als Organisation am 8. Oktober 1937 verboten. Kurt Esser versammelte daraufhin Jungen und junge Männer in Gruppen um sich, diskutierte mit ihnen Theologisches, Politisches und Persönliches, gab oder besorgte Nachhilfe-Unterricht, weckte Kunstverständnis, stand rund um die Uhr zur Verfügung. Vielen Jugendlichen gab er religiösen, menschlichen und politischen Halt. Kurt Esser hat durch seine Arbeit gewiß ungewöhnliche Freude erlebt. In einer Stunde der gemeinsamen Erinnerung sagte er mir: »Das Schönste in jener Zeit war die treue Verschworenheit zwischen Klerus und Jugend und Katholiken überhaupt. Es war bewundernswert, mit welchem Mut manche Jungen sich geschlagen haben, wenn sie von der Geheimen Staatspolizei raffiniert, hinterhältig und mit Drohungen vernommen wurden, weil sie gegen mich aussagen sollten.« Dennoch mußte Kurt Esser Angst haben. Gestapo-Chef Prüß hatte für ihn schon im Oktober 1937 am Ende einer langen Vernehmung die Einweisung ins Konzentrationslager Dachau geschrieben. »Jetzt schreibe ich den roten Zettel für Dachau«, hatte Prüß gebrüllt. Doch der rote Zettel wurde gegen Mitternacht zurückgezogen: Gauleiter Simon war an jenem Tag verreist, deshalb wurde dessen Stellvertreter Urmes die Einweisung zur Unterschrift vorgelegt. Urmes aber erinnerte sich, daß er zusammen mit Kurt Esser in einer Schulklasse gesessen hatte und veranlaßte, daß »der

Knabenchor und Choral-Schola von St. Kastor. Die Mühe mit den Eigenheiten und Schönheiten der Gregorianik war zunächst groß. Benediktinermönche von Maria Laach gaben den letzten Schliff. Dann wurde Kastor zu einer Pflegestätte des Chorals. Die Schola bildete außerdem den Grundstock für eine Chorarbeit, die später neue Maßstäbe setzte

1898 – wenige Jahre nachdem Koblenz sich über die ehemaligen preußischen Befestigungsanlagen hinaus ausdehnen konnte – wurde die Josefskirche im Süden der Stadt eingeweiht. Schnell wuchs ein neues Wohnviertel, das nach dem Ersten Weltkrieg durch Wohnungen für die Angehörigen der Besatzungstruppen ergänzt wurde (vor allem in der Kaiser-Friedrich-Straße)

Schwarze« nach Hause geschickt wurde. Freilich wurde Esser seitdem überwacht und in Abständen immer wieder zum Verhör bestellt.

Einigen anderen Kaplänen ging es ähnlich wie Esser: Albert Morschett zum Beispiel von Liebfrauen und Werner Sandkaulen in der Pfarrei St. Josef. Auch sie wurden beobachtet; Sandkaulen mußte wegen einer deutlichen Predigt ins Gefängnis.

Wer Esser oder ein Pfarrhaus häufiger aufsuchte, hatte sich angewöhnt, vor dem Druck auf die Haustür-Klingel mit einem Blick die Umgebung zu prüfen: ob nicht irgendwo unauffällig ein auffälliger Beobachter stehe. Wer nur ein einziges Mal erlebt hat, daß die Tür des Gestapo-Hauses in der Straße »Im Vogelsang« (nahe beim Gefängnis in der Karmeliterstraße) hinter ihm zugefallen ist, weil er als mitwissender Zeuge oder als Verdächtiger verhört werden sollte – wer das erlebt hat, der hat eine spezielle Angst jener Zeit erfahren, und der wird nicht mehr anders können, als gegen jede Form der Gewaltherrschaft zu sein; hinter welcher Fahne und nach welchem Lied auch immer sie daherkommen mag.

Die Pastöre der Stadt sahen die Aktivitäten in der Jugendseelsorge nicht immer gern. So mußte Esser das Pfarrhaus von St. Kastor verlassen und ins Eltzerhofkloster ziehen, weil er die Aufmerksamkeit der Geheimen Staatspolizei (Gestapo) auf das Pfarrhaus gelenkt hatte. Und Pastor Kunzen von St. Josef sagte zu Esser: »Herr Kaplan, jetzt sollten wir diese Jugendseelsorge bleiben lassen; wir warten ab, bis der Spuk vorbei ist.« Kurt Esser: »Es geht um die jetzige Jugend, Herr Pastor.« Im ganzen verhielt sich der Klerus von Koblenz gegenüber den nationalsozialistischen Machthabern zwar eindeutig und ohne jeden Zweifel ablehnend, aber doch eher ausweichend als kämpferisch entschlossen. Freilich darf bezweifelt werden, daß irgendetwas zum Guten hin geändert worden wäre, wenn die Pastöre als zum Martyrium entschlossene Bekenner und unüberhörbare Mahner aufgestanden wären. Außerdem waren nicht nur Kleriker, sondern auch Politiker eine Zeitlang der Meinung, es sei vielleicht das Gescheiteste, gleichsam wegzutauchen, kein Aufsehen zu erregen und auf ein baldiges Ende der nationalsozialistischen Herrschaft zu warten. So wie die Dinge damals lagen, wurden schon gut formulierte, in ihrer Aussage aber verschlüsselte Predigten Dechant Homscheids oder eine kraftvoll vorgetragene Predigt des Pastors von Herz Jesu, Metzdorf, als ein beachtenswertes Ereignis empfunden. Die Leute drängten sich dazu in die Kirchen, die oft zu klein waren; manchmal kamen Gestapo-Spitzel nicht mehr hinein.

★

Doch über die Kirchen und Pastöre ist mehr in Erinnerung zu rufen als die NS-Zeit. Die »Oberpfarrkirche«, inmitten von Altstadtgassen, zwischen Plan und Florinsmarkt, hatte andere Bedeutung als Kastor, aber auch für die ganze Stadt. Liebfrauen war so etwas wie eine Marktkirche. Diesen

Jesuitenkirche mit dem charakteristischen Turm

Barockaltar und Chor der Jesuitenkirche

Die 1904 eingeweihte Herz-Jesu-Kirche (1937)

Liebfrauenkirche um die Jahrhundertwende

Charakter behielt sie auch noch, als die Bauern und Gärtner ihre Waren nicht mehr zu Füßen der Zwiebeltürme anboten, sondern auf dem benachbarten Münzplatz: Nicht wenige Frauen oder Familien gingen, nachdem sie auf dem nahegelegenen und damals großen Markt (Seiten 50/51) eingekauft hatten, zu einem kurzen Gebet in diese Kirche; besonders vor dem Bild des Judas Thaddäus war ein Platz für stille, wohl meist sorgenvolle Beter. An der Tür bettelte auf seinen Krücken der kleine Hammerschmidt. Er war gewiß ein bemitleidenswerter Mann, aber vermutlich hatte er in der Zeit der großen Arbeitslosigkeit mehr Geld als mancher, der ihm im Vorübergehen ein paar Pfennig in die Mütze warf. Die »Oberpfarre« wie die Pfarrei Liebfrauen auch genannt wird, hat mit den benachbarten Kastorianern stets um den Vorrang unter den Kirchen der Stadt gestritten. Vermutlich wurmte es die »Liebfrauener«, daß ihre Pfarrei während einiger Jahrhunderte vom Stift St. Kastor abhängig war: Kastor besetzte das Pastorenamt von Liebfrauen und besaß dort das Zehntrecht, Liebfrauen mußte also an Kastor so etwas wie Steuern zahlen.

Pastor an der 1182 erbauten Liebfrauenkirche war seit dem 14. August 1931 der in Koblenz – und zwar an der Moselbrücke in der Oberpfarre – geborene Dr. Heinrich Chardon. Er zeichnete sich vor allem durch ein unerschöpflich scheinendes Maß menschlicher Güte aus, mit der er seine Gemeinde leitete und zusammenhielt. Obwohl er gehbehindert war, scheute er kaum einen Weg durch schwierige, steile und dunkle Treppenhäuser zu manchen ebenso schwierigen Familien. Ein Pastor im wahrsten Sinne des Wortes: ein Hirte.

Kastor und Liebfrauen unterschieden und unterscheiden sich in vielem. Nur eine Kuriosität sei noch vermerkt: Sie haben jede einen ganz und gar anderen »Nestgeruch«; sie schmecken gleichsam anders, wenn man sie betritt. Das hat sich auch nach dem Zweiten Weltkrieg nicht geändert. Obwohl beide Kirchen umfangreich restauriert werden mußten, haben sie ihren früheren, eigenen Geruch wieder.

★

Stärker noch als Liebfrauen wurde die Jesuitenkirche (am 3. September 1617 geweiht, ausgestattet unter anderem mit einem reichen Barockaltar) für ein Gebet im Vorübergehen benutzt. Zu allen Tageszeiten knieten und saßen dort zwanzig, dreißig und mehr Menschen, mit Vorzug vor der gotischen Pieta im rechten Seitenschiff. Es ist nicht ganz sicher, ob »Jesuiten« in erster Linie eine Bet- oder eine Beichtkirche war; vor Feiertagen leisteten die Patres geradezu Schwerstarbeit in ihren Beichtstühlen; Wartezeiten von einer Stunde waren keine Seltenheit; rund 90 000 mal wurde jährlich in der Jesuitenkirche – der Kirche der »Männer-Sodalität« – gebeichtet.

Karmeliterkirche (1687 erbaut), einzige Renaissancekirche der Stadt. Unten: als französische Garnisonkirche geschmückt. Leider ist die Fassade (oben) der im Zweiten Weltkrieg schwer beschädigten Kirche nicht erhalten worden

Die Jesuiten galten als kluge Beichtväter. Die Kapuziner in Ehrenbreitstein standen eher im Ruf der Strenge. Aber auch sie wurden von vielen Koblenzer Katholiken aufgesucht, nicht zuletzt von Pastören und Kaplänen.

★

Prozessionen gab es in größerer Zahl als heute: Gründonnerstag wurde den Kranken am frühen Morgen die Kommunion ins Haus gebracht. Die Priester wurden dabei in den einzelnen Pfarreien von Prozessionen begleitet. Zum Schluß wurden vor den Kirchen Körbe mit »Rosewecken« gesegnet, die an Ort und Stelle gekauft werden konnten und – wie wir damals meinten – ganz anders, viel besser schmeckten, als das gleiche Gebäck im Laden.
An der Karfreitagsprozession beteiligten sich traditionell die Männer besonders stark. Es war eine verhältnismäßig stille Prozession.
Vor Christi Himmelfahrt ging morgens noch vor Schul- und Arbeitsbeginn die Bittprozession (um gutes Wetter für die Feldfrüchte) zur Markenbildchenkapelle, die noch nach 1900 inmitten von Feldern gestanden hatte.
Größte Prozession war die am Fronleichnamsfest – mit Fahnen, Kerzen, Weihrauch, Musik, festlichen Gewändern,

Die von Ph. Ravenstein 1702–1708 erbaute Heilig-Kreuz-Kirche in Ehrenbreitstein (rechts und unten). Auch dieses für den Koblenzer Raum ungewöhnliche Bauwerk ist – wie die Karmeliterkirche – ganz verschwunden

Dechant und Ehrendomherr Albert Homscheid (St. Kastor)

vielen Meßdienern. In ihr zeichneten sich aber auch deutlich die politischen Verhältnisse ab. Bis 1933 drängten sich Würdenträger, Amtsinhaber, Männer aus Politik und Wirtschaft. Sie wollten möglichst nahe hinter der Monstranz gehen. Einige von ihnen haben zweifellos aus Überzeugung gehandelt. Sie haben ihr Amt und ihr Ansehen ein- und unterordnen wollen. Sie haben ein Beispiel gegeben. Anderen aber ging es mehr darum, gesehen zu werden: sie erhofften sich Vorteile, und zwar sehr diesseitige. Bald nach 1933 – unter der Herrschaft der Nationalsozialisten – ließ das Gedränge hinter der Monstranz der Fronleichnamsprozession nach. Einige von denen, die sonst dort gegangen waren, hatten ihr Amt verloren. Andere trauten sich nicht mehr. Wieder andere suchten ihren Vorteil da, wo er nun zu finden war – die Teilnahme an einer Prozession jedenfalls brachte keinen mehr. Doch die Gesamtzahl der Teilnehmer stieg von Jahr zu Jahr.

Straßen wetteiferten im Schmuck für die Fronleichnamsprozession. Besonderen Ehrgeiz entwickelte die Kastorstraße, obwohl dort keineswegs nur Kirchgänger wohnten, sondern auch viele sogenannte »Abständige« und »Gleichgültige«. An der Ecke Kornpfortstraße/Kastorstraße, neben dem »Deutschen Kaiser«, wurde alljährlich ein Altar von der Größe der vier Stationsaltäre aufgebaut; im Mittelpunkt stand die »Schürjer«-Madonna vom Haus Emil B. Schmitz, die Madonna der Hafenarbeiter. Wenn der Altar fertig geschmückt war, distanzierten sich einige eifrige Helfer, Schürjer, indem sie ihre Mütze tiefer ins Gesicht zogen, sich demonstrativ eine Zigarette anzündeten, die Hände in den Hosentaschen vergruben und so die Prozession erwarteten; mit der Kirche hatten sie nicht viel im Sinn. Doch wenn dann die Prozession von der Danne kommend in die Kornpfortstraße einbog, sahen sie einander verstohlen an, zogen noch einmal kräftig an der Zigarette, warfen sie weg, wurden leicht verlegen, nahmen die Mütze vom Kopf und freuten sich schließlich, wenn sie aus den Gesichtern der Prozessionsteilnehmer Anerkennung für »ihren« Altar lesen konnten. Und im nächsten Jahr waren sie selbstverständlich wieder dabei, und zwar schon bei Tagesanbruch.

★

Die Herz-Jesu-Kirche ist erst 1904 eingeweiht worden. Vorher hatte es Schwierigkeiten mit dem Bauplatz gegeben. Der Stadtrat hatte das Grundstück zum Selbstkostenpreis

Links: Bischof Bornewasser (vorn rechts) besuchte das Reichstreffen, zu dem Mitte Mai 1932 die Sturmschar der Katholischen Jugend in Koblenz eine Woche lang zusammenkam. Links im Hintergrund der Generalpräses der Katholischen Jugend, Ludwig Wolker. Gegliedert in Hundertschaften und angeführt von 150 Bannern hatten die jungen Männer in ihrer grauen »Kluft« das Allerheiligste aus der Liebfrauenkirche zu ihrem Zeltlager auf der Karthause geleitet. In einer Kundgebung am Deutschen Eck sprach Reichskaplan Alfons Brands (1969–76 Pastor an St. Kastor)

Johannes Metzdorf, Pfarrer von Herz-Jesu

Dr. Heinrich Chardon, Pfarrer von Liebfrauen

Johannes Kunzen, Pfarrer von St. Josef

Der evangelische Pfarrer Winterberg

abgegeben. Aber der Regierungspräsident erhob dagegen Einspruch; nach seiner Meinung war der Preis zu niedrig. So mußte also erst noch eine »landesherrliche Genehmigung« eingeholt werden. Am 17. Juni 1900 wurde der Grundstein gelegt. Am 19. Mai 1904 konsekrierte der Trierer Bischof Korum die neue Kirche. Seit 1924 (bis 1953) war Johannes Metzdorf Pastor an der Herz-Jesu-Kirche, ein sozial engagierter Priester. Im Laufe der Jahre wuchs die Pfarrei auf 15 000 Menschen an. Deshalb wurde 1933 die Filiale St. Elisabeth errichtet, die am 15. März 1938 selbständige Vikarie wurde. Am 20. Mai 1932 begannen in der Steinstraße die Arbeiten an einer ehemaligen Reithalle, die zur Notkirche »St. Elisabeth« umgebaut wurde. Bischof Bornewasser weihte sie am 15. Januar 1933. Zu dem Bezirk dieser Filiale gehörten über 4000 Katholiken.

Die Josefskirche ist nur wenige Jahre älter als Herz Jesu. 1898 wurde die Kirche im Süden der Stadt eingeweiht. Koblenz hatte gerade damit begonnen, sich über die ehemaligen Befestigungsanlagen hinaus auszudehnen. Auf Oberwerth, das zur Pfarrei gehörte, entwickelte sich ein Wohnviertel mit vielen Villen zahlungskräftiger Koblenzer, was für die Finanzkraft der neuen Pfarrei nicht unwichtig war. 1936 löste Pfarrer Johannes Kunzen, ein eigenwilliger, kantiger Mann, seinen Vorgänger Jakob Fröhner ab.

★

Die katholische Kirchenmusik erlebte in jenen Jahren in Koblenz nicht gerade eine Blütezeit. Eine Ausnahme bildete der 1922 gegründete Chor der Jesuitenkirche, der (seit 1925) unter Josef Buschmann eine stark beachtete Entwicklung nahm.

Erst mehr als ein Jahrzehnt später tat Christian Litz in Kastor einen Schritt, von dem der Organist nicht wissen konnte, wie wichtig und zukunftsträchtig er war: Litz gründete einen Knabenchor und 1938 eine Choralschola, die mit dem Kirchenchor verzahnt waren. Der Knabenchor bot zunächst mehr etwas fürs Gemüt. Die Jungen waren nicht nur in ihrer Pfarrei beliebt, sondern auch gern gehörte »Gäste« in der Jesuiten- und in der Elisabethkirche – und im Gefängnis in der Karmeliterstraße; die inhaftierten Frauen und Männer schluckten und schnauften bald, wenn der Knabenchor in der Kapelle hinter den vergitterten Fenstern und bewachten Toren im Advent oder nach Weihnachten für sie sang. Doch die Jungen wandten sich auch der herberen Gregorianik zu. Knabenchor und Choralschola waren – rückblickend gesehen – der Grundstock für einen Chor und für ein Singen, die nach dem Zweiten Weltkrieg im Gregorianischen Choral, in der mehrstimmigen Kirchenmusik und in Oratorien für die Stadt viele Jahre hindurch neue Maßstäbe setzten.

So schließt die Erinnerung an die katholische Kirche in Koblenz und an Koblenzer (katholische) Kirchen wie sie begonnen hat: mit Kastor. Diese Kirche hat eben einen eigenen, gewichtigen Rang – und müßte ihn behalten. Jeder Pastor von Kastor muß das wissen, damit nicht eines Tages aus dieser Kirche doch noch das wird, was die Nationalsozialisten aus ihr gern gemacht hätten: ein Museum. Dann würde Koblenz ein Stück seines Wesens verlieren.

Fronleichnamsprozession in der Löhrstraße. Hinter dem Traghimmel ist das Kaufhaus Tietz zu erkennen (später Kaufhof)

Die Klosterkirche von Bornhofen (oben ein altes Foto), die Maria-Hilf-Kapelle in Lützel (unten: vor 1930) und Arenberg waren Wallfahrtsziele vieler Koblenzer Katholiken. Nach Bornhofen zogen im Mai und Juni Prozessionen nachts zu Fuß über die Rheinhöhen des Hunsrücks. Nach der Andacht in Bornhofen legten die Meßdiener, die mitgegangen waren, ihren »Röckel« über den Arm und gingen in die Kirschgärten in der Nähe des Klosters, um sich dort zu stärken und zu erfrischen. Diebstahl? Die Meßdiener zerbrachen sich darüber nicht den Kopf; sie dachten wohl eher an Gewohnheitsrecht, denn es war schon ein Brauch vieler Meßdiener-Generationen. Den Heimweg legten die Pilger mit einem Schiff zurück. So wurden Beten und Feiern auf rheinische Weise miteinander verbunden. Doch eine Wallfahrt nach Bornhofen war nicht in erster Linie von Heiterkeit geprägt. Vermutlich waren es besonders die Einzelpilger, die mit Sorgen nach Bornhofen gingen: Zwei, drei Leute machten sich auf den stundenlangen Weg, um in Bornhofen vor dem Marienbild zu beten. – Die Maria-Hilf-Kapelle in Lützel war für manche Koblenzer eine schnell erreichbare und deshalb gut besuchte Wallfahrtsstätte. Aber auch von weiter her kamen Pilger und Prozessionen. »Maria Hilf« war nie leer. 1934 wurde der Kapellenplatz im Zusammenhang mit dem Bau der Moselbrücke neu angelegt und mit einer Mauer umgeben. – Arenberg hatte als Wallfahrtsort nicht den gleichen Rang wie Bornhofen und Maria Hilf. Offenbar ist das Vesperbild in früheren Jahrzehnten häufiger von Betern besucht worden. Später hatten die von Pfarrer Kraus angelegten Grotten, in denen Szenen aus dem Leben Jesu und aus dem Leben von Heiligen dargestellt sind, eine größere Anziehungskraft, so daß mehr Spaziergänger als Pilger nach Arenberg kamen

Florinskirche um 1890. Etwa hundert Jahre lang, bis 1899, trugen die Türme die Spätbarockhelme. Unten: Die Schloßkapelle, die – wie auch Florin und die Christuskirche – ein Gotteshaus der evangelischen Gemeinde war

Die evangelischen Christen waren in Koblenz eine Minderheit von 20 Prozent. Aber sie lebten keineswegs unterdrückt. Vielmehr hatte die preußische Regierung mit Vorliebe Protestanten als hohe Offiziere und Beamte in das katholische Rheinland geschickt, was hierzulande als Böswilligkeit empfunden wurde. Dieser Tatbestand verschärfte zeitweise die damals ohnehin vorhandenen Spannungen zwischen Katholiken und Protestanten. An bestimmten Feiertagen wurde deutlich, wie wenig freundlich die beiden christlichen Konfessionen nebeneinander lebten: An dem hohen evangelischen Fest Karfreitag verrichteten Katholiken eine möglichst laute und auffällige Arbeit (Teppichklopfen war beliebt). Protestanten machten es am katholischen Fronleichnamsfest genauso.

Erst unter dem Druck der Nationalsozialisten, und auch dann nur allmählich, verschwanden diese Sticheleien; katholische und evangelische Christen begriffen, daß sie in einem Boot saßen und auch in ein Boot gehören. Aber innerhalb der evangelischen Gemeinde tauchte ein neues Problem auf: Wie hat ein evangelischer Christ sich gegenüber der (nun diktatorischen und Gewalt anwendenden) Obrigkeit zu verhalten? Die »Bekennende Kirche« forderte eine entschiedene Ablehnung des NS-Staates. Das war aber nicht die Haltung der ganzen evangelischen Gemeinde von Koblenz,

Mitten im Geschachtel der Altstadt: die im 11. Jahrhundert erbaute Florinskirche (hier mit den Turmspitzen aus dem Jahr 1900). 1818 hat der Preußenkönig Friedrich Wilhelm III. sie der evangelischen Gemeinde zugeteilt

auch nicht die aller Pfarrer. Über längere Zeit waren Presbyterium und Gemeinde in der Gefahr, auseinanderzubrechen. Erst 1939 genehmigte das Konsistorium ein neues Presbyterium. Aus diesen schwierigen Jahren sind das Wirken und die eindeutig antifaschistische Haltung von Pfarrer Winterberg in guter Erinnerung. Von Pfarrer Hennes dagegen weiß man noch, daß er sogar NSKK-Führer war (Nationalsozialistisches Kraftfahrer-Korps).

Es hat lange gedauert, bis die Koblenzer Katholiken sich damit abfanden, daß die alte Florinskirche am 14. November 1818 durch Kabinettsorder König Friedrich Wilhelms III. der evangelischen Gemeinde zugeteilt worden war (nachdem Napoleon sie 1807 der Stadt übereignet hatte). Angesichts der Schönheit, der architektonischen Kraft und der Lage dieser Kirche ist es verständlich, daß die Katholiken ihr nachtrauerten. Aber wo wären heutzutage die Menschen für eine weitere katholische Pfarrei? Außerdem ist die evangelische Florinskirche ein unübersehbarer Hinweis auf die gemeinsamen Wurzeln der christlichen Konfessionen.

1902 baute die evangelische Gemeinde die Christuskirche am Kaiser-Wilhelm-Ring. Die – ursprünglich ebenfalls katholische, aber einige Jahrzehnte als Lagerraum verwendete – Schloßkapelle stand den Koblenzer Protestanten seit 1854 zur Verfügung.

In den Jahren vor 1933 hatte die evangelische Gemeinde beträchtliche Aktivitäten entfaltet; angetrieben sicherlich nicht zuletzt durch das Bewußtsein, in der Diaspora zu leben. So war zum Beispiel am 22. März 1900 der Evangelische Bürgerverein gegründet worden, so etwas wie ein Gegenstück zum Katholischen Leseverein.

Schon vor der Jahrhundertwende – 1897/98 – hatte die evangelische Gemeinde das Krankenhaus des Martinsstifts gebaut, von den Koblenzern kurz »Stift« oder »Evangelisches Stift« genannt.

Als 1929 die französische Besatzung abgezogen war, erwarb der evangelische Verein »Herberge zur Heimat« die ehemaligen Artillerie-Kasernen an der Feste Franz in Lützel, baute sie zu Kleinwohnungen sowie zu einer Wanderer-Arbeitsstätte aus und gab dem Ganzen den anspruchsvollen Namen »Von-Bodelschwingh-Haus«.

Seit 1914 wirkte an der Christuskirche mit dem Organisten Adolf Heinemann ein am ganzen Mittelrhein beachteter Kirchenmusiker. Er war bis über 1939 hinaus im Amt und erfolgreich tätig. Koblenzer Musikfreunde erinnern sich an Heinemanns Abendmusiken in der Christuskirche, in denen er selbst als Solist an der Orgel spielte, und an Konzerte wie »Ein deutsches Requiem« von Brahms und »Die sieben Worte Jesu am Kreuz« von Haydn.

Das vom letzten Kurfürsten Clemens Wenzeslaus von Sachsen 1777/86 erbaute Residenzschloß um die Jahrhundertwende

Krieg, Besatzung – und dann die Nationalsozialisten

Vor dem vom letzten Trierer Kurfürsten Clemens Wenzeslaus 1777/86 erbauten Schloß promenierten um die Jahrhundertwende Koblenzer Bürger; der Vorplatz entsprach dem Stil des Gebäudes. 1935 aber machten die Nationalsozialisten aus dem Schloßplatz eine arena-ähnliche »Thingstätte« für Großkundgebungen (Bild Seite 75); in einer Krypta brannte ein »ewiges Feuer«, und vom Dach ertönte jeden Mittag eine Lure, ein germanisches Blasinstrument. So wurde das Bild der Stadt verändert durch die politischen Ereignisse zwischen 1900 und 1939: Von Kaiser Wilhelm bis zur Diktatur Hitlers – dazwischen eine ungeliebte Republik.

An Monarchen mußten die Koblenzer sich früh gewöhnen. Es begann 1804 mit Napoleon. Kaiser Wilhelm I. und seine Frau, Kaiserin Augusta, hielten sich oft und gern hier auf. Wilhelm II. weihte 1897 das Denkmal am Deutschen Eck ein, als Beobachter von Manövern besuchte er die Stadt, und während der ersten Kriegswochen wohnte er im Oberpräsidium, da das Große Hauptquartier sich vorübergehend in der Stadt niedergelassen hatte.

Die Koblenzer hätten also Kaiserbesuchen gelassen entgegensehen können. Aber jedesmal wieder eilten sie in großen Scharen auf die Straßen, bildeten Spalier und jubelten. Ob daraus zu schließen ist, daß der Kaiser als Person über alle Maßen beliebt war, darf bezweifelt werden. Denn mit den Preußen und mit Berlin wollten die Rheinländer nicht viel zu tun haben. Sie nannten sich »Muß-Preußen«, und wenn geflaggt wurde, vermieden sie möglichst die Preußenfarben schwarz-weiß. Da die Rheinländer, die Koblenzer überwiegend katholisch waren, hielten sie auch nichts von der »Gottesgnadenschaft« des Kaisers. Trotzdem begrüßten sie ihn so, wie es damals üblich war. Es war wohl schlechthin der Kaiser, der Monarch, dem zugejubelt wurde – gleichgül-

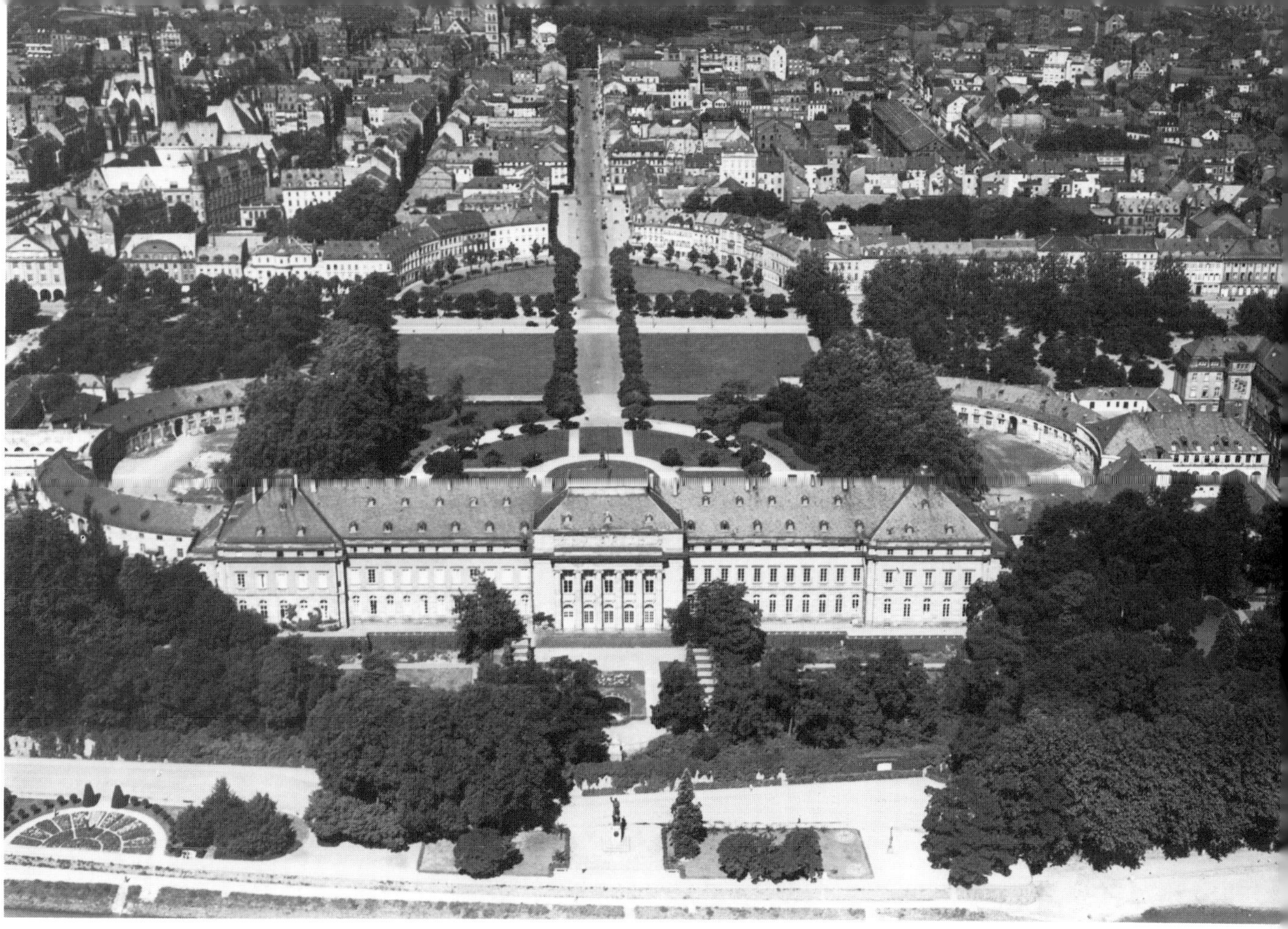

Schloß mit Schloßrondell, Schloßstraße und Neustadt (an deren Ende, rechts, das Stadttheater) um 1930. Links vom Schloßrondell, am Bildrand angeschnitten, das Haus der Deutschen Bank, oberhalb die Christuskirche am Ring

Einer der reich ausgestatteten Säle des Schlosses in einer Aufnahme um 1930. Kaiserin Augusta, die sich gern in Koblenz aufhielt, verfügte kurz vor ihrem Tod, sie mache es der Krone zur Pflicht, das Inventar der Schlosses nicht zu veräußern. Es enthalte so wertvolle Gegenstände, daß der Gedanke an eine »Zerstreuung wahrhaft schmerzlich ist«

Kaiser Wilhelm II. und die Kaiserin (in der Kutsche sitzend) werden durch den Oberbürgermeister und Bürger begrüßt

tig, wer diesen Titel und die dazu gehörende Uniform trug. Obendrein war ein Kaiserbesuch eine Abwechslung – mit Farbenpracht und Marschmusik – in einem Alltag, der noch keine Fernsehunterhaltung kannte.

★

»Der Krieg« lautet die Schlagzeile der »Coblenzer Volkszeitung« am 3. August 1914. Eine Annonce in derselben Ausgabe der Zeitung gibt einen Hinweis auf die bevorstehende schwierige Versorgungslage. Die Fleischer-Innung teilt der Bevölkerung mit: »Im Hinblick auf den Ernst der Lage und den Niedergang allen geschäftlichen Treibens sieht sich die Fleischer-Innung Coblenz in ihrer Gesamtheit gezwungen, aus Rücksicht auf den Selbsterhaltungstrieb vom 1. August ab ihre Waren nur gegen bar zu veräußern, auch an solche Kunden, die bisher Kredite in Anspruch nahmen. Es wird das Bestreben aller Innungsmitglieder sein, die Konsumenten trotz der schwierigen Lage ausreichend und prompt zu bedienen.« Auch andere Berufsgruppen wenden sich in ähnlicher Form an die Bevölkerung.

Wenige Tage später, am 12. August, lassen zwei Notizen im Lokalteil der Zeitung erkennen, wohin im Alltagsleben der Krieg führte. Da hieß es: »Fort mit den fremdländischen Bezeichnungen an deutschen Geschäftshäusern! In Coblenz gibt es kein ›Grand Hotel Bellevue-Coblenzer Hof‹. Gestern morgen ist man dazu übergegangen, an dem Hotel die in Goldbuchstaben ausgeführten Worte ›Grand‹ und ›Bellevue‹ zu entfernen. An dem Schutzdach hat man dieselben Worte mit grüner Farbe unleserlich gemacht. Es wäre zu wünschen, daß die übrigen hiesigen Geschäftsinhaber französische oder englische Bezeichnungen von ihren Häusern entfernten.«

Die andere Notiz ist die Klage eines Lesers: »Geht da ein Pater die Castorstraße hinunter. Ein paar Kinder rufen ›Spion‹, ›Verräter‹, und sofort ist eine große Anzahl von Kindern da, die dem Pater folgt. Mit den Kindern kommen auch Erwachsene... Niemand nimmt den Ordensmann in Schutz, obwohl er sogar die Binde vom Roten Kreuz trägt. Auf der Brücke wird der Pater von einer Wache eingeholt. Sein Ausweis wird kontrolliert. Zu was sollen solche Unerträglichkeiten noch führen?«

Am 16. Oktober 1914 überflog zum erstenmal ein feindlicher Flieger die Stadt, Er wurde abgeschossen. Ab Januar 1915 durften die Bäcker keine Brötchen und keine Feinbackwaren mehr herstellen. Vom 11. Januar an war auch den Haushalten das Kuchenbacken verboten. Am 8. März 1915 wurden Brotkarten, am 11. November Lebensmittel-Marken eingeführt, und ab 1. Juli 1916 durften die Metzger nur noch mittwochs und samstags Fleisch verkaufen. Am 1. Oktober 1917 fielen die ersten Fliegerbomben auf die Stadt; sie richteten keinen nennenswerten Schaden an. Am 12. März 1918 aber gab es Tote und Verletzte durch Bomben, die vor allem in der Nähe des Hauptbahnhofs, auf die Hohenzol-

US-Kavallerie während der Besatzungszeit nach dem Ersten Weltkrieg. Rechts die Rückfront von Häusern des Kastorhofs

lernstraße und auf den Kaiser-Wilhelm-Ring abgeworfen worden waren.

Für Koblenz endete der Krieg am 7. Dezember 1918 mit dem Abschied von den letzten Fronttruppen, die auf dem Marsch zu ihren Auflösungsplätzen im Innern Deutschlands waren. Das muß ein damals wohl eindrucksvolles, in der Rückschau aber doch eigenartig anmutendes Ereignis gewesen sein. Am 24. November traf die Spitze der 3. Armee in Koblenz ein und zog über den Kaiser-Wilhelm-Ring, Pfaffendorfer Brücke auf das rechte Rheinufer. Darüber schrieb die Volkszeitung am 25. November: »Ein Triumphzug war es schier, trotz allem, was hinter ihnen und hinter uns liegt. Dafür sorgten die Coblenzer, eingeschlossen die Bewohner der nächsten Städtchen und Ortschaften. Dafür sorgten die Soldaten selbst, die würdige Ordnung und Zucht in aller Freude hielten... Tausende von Menschen belebten die geschmückten Straßen, um den tapferen Truppen den Willkommen aller Herzen zu entbieten. Offiziere mit dem führenden General bildeten die Spitze. Am Ring vor dem Mohr-Denkmal hatten der Oberbürgermeister, die Stadtverordneten und höhere Offiziere sich zur Begrüßung aufgestellt. Der führende General stieg dort ab und ließ die Truppen vorbeiziehen. Stramm zogen die Kolonnen vorüber, zum Teil im forschen Paradeschritt. Hell blitzte das Auge aus den gebräunten Gesichtern. Keine Spur von Mutlosigkeit. So sieht kein geschlagenes Heer aus... Tränen traten vielen in die Augen bei diesem Anblick und dem Gedanken, daß so viele Opfer gebracht wurden von diesen herrlichen Menschen für nichts und weniger als nichts.« Der Vorbeimarsch dauerte fast fünf Stunden. Die Kirchenglocken läuteten – soweit sie im Krieg nicht eingeschmolzen worden waren; die Koblenzer gaben den Soldaten Wein, Cognac, Zigarren, Zigaretten, Obst, Blumen, warme Getränke.

★

Wenige Tage später, am 12. Dezember 1918, zogen amerikanische Soldaten als Besatzungstruppen ein. Im April 1922 wurden sie von französischen Soldaten abgelöst, die bis November 1929 blieben. Passiver Widerstand gegen die Franzosen, als Folge davon Ausweisungen in das unbesetzte Deutschland, Separatistische Bewegung und Inflation fallen in diese Zeit.

Im Januar 1923 hatten französische und belgische Truppen das Ruhrgebiet besetzt, weil Deutschland mit den Reparationsleistungen an die Siegermächte im Rückstand war. Die deutsche Antwort darauf war passiver Widerstand. Der wiederum war für die Franzosen Anlaß, aus dem von ihnen besetzten Rheinland rund 150 000 Menschen auszuweisen, allein aus Koblenz knapp 2000. Auch der Oberpräsident der Rheinprovinz, Hans Fuchs, gehörte zu den Ausgewiesenen. Am Weißen Sonntag wurden 30 Eisenbahnerfamilien – ohne

*Oben: US-Truppen rücken 1918 in Lützel als Besatzung ein.
Unten: General Henry T. Allen war der Oberkommandierende der US-Besatzungstruppen. Ihm ist es weitgehend zu verdanken, daß die Festung Ehrenbreitstein nicht zerstört wurde: Er hat die Franzosen davon überzeugen können, daß die Festung keine militärische Bedeutung mehr habe*

Rücksicht auf Erstkommunionfeiern – innerhalb von zwei Stunden aus ihren Dienstwohnungen auf die Straße gesetzt. Unterdessen blühte die Inflation. Die Stadt mußte Notgeld drucken lassen. Ende Juni 1923 lag der Preis für einen US-Dollar bei 154000 Mark. Einen Monat später kostete ein Pfund Zucker 250000 Mark. Bei der ersten großen Weinversteigerung in der Festhalle am 3. September erzielte das teuerste Fuder einen Preis von über fünf Milliarden Mark. Im Oktober kostete ein Brot 130 Millionen. Auf dem Höhepunkt der Inflation im November hatte eine Billion Mark (das sind tausend Milliarden, nach amerikanischer Rechnung eine Milliarde) die Kaufkraft einer einzigen Mark. Am 15. November gab es endlich wieder »richtiges« Geld, die Rentenmark. Da kostete dann bald ein drei Pfund schweres Brot 45 bis 50 Pfennig, ein Brötchen drei Pfennig, ein Pfund Goulasch 80 Pfennig bis eine Mark, ein Ei zwischen acht und 12 Pfennig, um nur ein paar Beispiele zu nennen. Und diese Preise hielten sich mehr oder weniger bis in den Zweiten Weltkrieg hinein – bei entsprechend niedrigen Einkommen versteht sich.

Kurze Zeit nach dem schmerzlichen, aber für die Gesundung notwendigen Währungsschnitt vom 15. November 1923 begann auch die Endphase des Separatismus, der die Selbständigkeit des Rheinlands oder dessen Angliederung an Frankreich mit Gewalt und unter französischem Schutz herbeiführen wollte. Die Separatisten hatten Koblenz zur Hauptstadt der »Rheinischen Republik« bestimmt. Am 22. Oktober 1923 versuchten sie, das Rathaus zu besetzen, scheiterten jedoch an der Polizei und an der Bevölkerung. Einen Tag später konnten sie unter dem Schutz französischer Kavallerie und Gendarmerie das Schloß besetzen und dort ihre grün-weiß-rote Fahne hissen. Oberbürgermeister Russell erwirkte in Verhandlungen mit den Franzosen den Rückzug der Separatisten. Daraufhin zogen die Bürger, die vor dem Schloß demonstriert hatten, vor das Rathaus und jubelten dort dem Oberbürgermeister zu. Als dieser der Bevölkerung »für die Treue zu Deutschland« dankte, wurde er sofort – zusammen mit 40 Beamten der Stadtverwaltung – ausgewiesen (am 25. Juli 1924 kam er aus Berlin nach Koblenz zurück). Am 25. Oktober besetzten die Separatisten erneut das Schloß, außerdem das Rathaus und die Post. Der Würzburger Redakteur Matthes ließ sich im Schloß als «Ministerpräsident der Rheinischen Republik» nieder, intern wurde er von seinem Konkurrenten Dr. Dorten bekämpft. Die Bevölkerung lehnte die Bestrebungen der Separatisten ab. Am 28. November gab Matthes das Ende seiner »Regierung« bekannt. Die Separatismus-Bewegung ging ihrer Auflösung entgegen.

★

Am 30. November 1929, 11.20 Uhr, wurde die französische Trikolore auf der Festung Ehrenbreitstein zum letzten Mal eingeholt (zum letzten Mal bis nach dem Zweiten Weltkrieg). Die Besatzungszeit war für Koblenz zu Ende. Überschrift in der Volkszeitung am 30. November/1. Dezember: »Heute schlägt die Befreiungsstunde.« In der Nacht zum 1. Dezember hatten sich 30000 Menschen am Deutschen Eck versammelt. Um Mitternacht wurden von den Bergen Signalraketen abgefeuert, die Kirchenglocken läuteten, ein Männerchor sang »Die Himmel rühmen des Ewigen

Oben: Die Neustadt (später Hindenburgstraße) war Paradestraße. Im Bild eine Parade der motorisierten US-Besatzungstruppen (im Schloßrondell). Der Grad ihrer Motorisierung hatte sofort nach Beginn der Besatzung jedermann vor Augen geführt, wie überlegen die Alliierten in dieser Hinsicht den deutschen Truppen im Ersten Weltkrieg waren

Während der Inflation ließen die meisten Gemeinden Notgeld drucken. Hier ein früher 50-Pfennig-Schein aus Camp-Bornhofen, zwei Jahre vor dem Höhepunkt der Inflation

Ein Feuerwerk soll Aufatmen verkünden: Die Besatzungszeit nach dem Ersten Weltkrieg ist zu Ende gegangen

Ehre«, und die 30 000 stimmten ein in das Lied »Großer Gott, wir loben Dich«. Oberbürgermeister Russell zitierte in seiner mitternächtlichen Rede den Text des Liedes »Flamme empor«, dessen drei letzte Strophen lauten: »Finstere Nacht lag auf Germaniens Gauen; da ließ der Herrgott sich schauen der uns bewacht... ›Licht, brich herein‹, sprach er; da sprühten die Flammen, schlugen in Fluten zusammen über den Rhein... Und er ist frei. Flammen umbrausen die Höhen, die um den herrlichen stehen; jauchzt! Er ist frei.«

Dieses Zitat aus dem Mund eines Koblenzer Oberbürgermeisters überrascht heute. Russell war ja nicht etwa ein Nationalsozialist, sondern er stand in politischer Gegnerschaft zur Partei Hitlers. Um so mehr Beachtung verdient die Rede. Sie beweist, daß es damals eine breite gefühlsmäßige, ausgeprägt nationale Übereinstimmung gegeben hat, und daß vaterländisches Pathos eine Selbstverständlichkeit war. »Flamme empor« gehörte zum gemeinsamen Liedschatz der meisten Jugendgruppen: der katholischen, der evangelischen, der sozialistischen, der nationalsozialistischen. Die Jugendgruppen glichen sich auch im äußeren Erscheinungsbild: bald nach 1930 trugen sie – wenn auch unterschiedliche – Uniformen, zu denen ein einheitlicher Gürtel und ein Schulterriemen gehörten, sie marschierten hinter Fahnen und Wimpeln, sie schlugen Landsknechtstrommeln, und sie machten eine Art militärisches Exerzieren. Wer kann sich denn heute vorstellen, daß dem Generalpräses der Katholischen Jugend, Ludwig Wolker, bei einem Besuch in Koblenz eine Pfarrgruppe der Jungschar nach militärischem Brauch – mit Antreten, Stillgestanden, Blickwendung und so weiter – »gemeldet« wurde?

Bis 1928/29 war dies alles in den konfessionellen Jugendverbänden geradezu verpönt. Das andere, das neue, zu militärischen Formen neigende Verhalten kam 1930 überraschend, aber gründlich. Es war offensichtlich Teil einer breiten Strömung. Dieses veränderte Verhalten, das sich in Uniformen, im Gleichschritt, Exerzieren und ähnlichem ausdrückte, wuchs zwar in entschiedener Gegnerschaft zum Nationalsozialismus, aber parallel zu diesem empor. So ergab sich ein Bewußtsein, das überhaupt nicht nationalsozialistisch oder faschistisch war, das aber dem Zeitgeist entsprach, und den konnten die Nationalsozialisten sich schließlich zunutze machen. In diesen nur schwer erklärbaren Entwicklungen schimmert eine kleine, wirklich nur eine

Oben: Das Ende der Besatzungszeit wurde am 22. Juli 1930 in Anwesenheit des Reichspräsidenten v. Hindenburg gefeiert. Im Bild Hindenburg (2. von links) im Gespräch mit seinem aus Koblenz stammenden »Burschen« aus dem Krieg 1870/71

Unten: Stahlhelm-Musikzug und Kriegsveteranenverband beim Aufmarsch anläßlich des Hindenburgbesuchs

Unten: Das schreckliche Ende der Befreiungsfeier: 37 Menschen ertranken auf dem Heimweg vom Feuerwerk beim Einsturz einer Brücke am Lützeler Schutzhafen. Die Toten wurden in der Turnhalle der Telegraphenkaserne aufgebahrt

Parade der Polizei auf dem Clemensplatz. Bei den Mannschaften sind die damals üblichen Gamaschen zu erkennen. Die Bereitschaftspolizei (Landespolizei) wurde seit 1934 militärisch hart ausgebildet und war praktisch ein Teil der Wehrmacht

kleine Teilantwort durch auf die oft gestellte Frage, wieso die Nationalsozialisten Boden gewinnen konnten. Andere Antworten sind gewichtiger.

Zurück zum Deutschen Eck. Dort waren am 22. Juli 1930 wieder viele tausend Menschen versammelt, um noch einmal das Ende der Besatzungszeit zu feiern; diesmal zusammen mit Reichspräsident Paul v. Hindenburg. Sein Besuch im Rheinland hatte sich verzögert, weil er erst kam, nachdem seiner Forderung entsprechend das Verbot des »Stahlhelm« (stark rechts orientierter »Bund der Frontsoldaten«) aufgehoben worden war.
Hindenburg traf mit dem Rheindampfer »Mainz« in Koblenz ein. Weißgekleidete und blumengeschmückte Mädchen waren zu seiner Begrüßung aufgeboten. Die Feiern des Tages begannen in der Stadthalle, wo mittags ein von Kurt Overhoff eigens zu diesem Anlaß komponiertes Festpräludium aufgeführt wurde. Overhoff – von 1929 bis 1935 städtischer Musikdirektor – leitete die Uraufführung seines Werkes. Die Straßen und Plätze der Innenstadt waren mit Fahnen und Girlanden geschmückt. Die Arbeit ruhte an diesem Tag. Bei Anbruch der Dunkelheit drängten sich die Menschen am Rheinufer, um ein großes Feuerwerk zu bewundern. (Von dem hohen Elektrizitätsmast auf Niederwerth leuchtete als Ergänzung zu den Raketen in riesigen Buchstaben »Frei der Rhein«.)
Am Morgen des 22. Juli hatten die Zeitungen aufgerufen: »Flaggen heraus! Hindenburg kommt.« Am nächsten Morgen stand dort: »Flaggen auf Halbmast! Schrecklicher Ausklang des Hindenburgtages.« Vom Neuendorfer Eck aus hatten zahlreiche Beobachter des Feuerwerks, um ihren Heimweg abzukürzen, die Brücke über die Einfahrt zum Lützeler Hafen benutzt. Kurz nach 23 Uhr kippte der Steg, der nicht für den öffentlichen Verkehr bestimmt war, um: 70 Menschen stürzten ins Wasser, 37 von ihnen ertranken. Erschütterndes Ende einer Feier. Am 26. Juli wurden die Toten beerdigt; Bischof Bornewasser hatte zuvor für sie in der Herz-Jesu-Kirche ein Pontifikalrequiem gehalten.

Bald nach 1930 begannen in Koblenz – wie auch im übrigen Deutschland – politische Unruhen, Straßenkämpfe zwischen linken und rechten Extremisten, begleitet von einer schnell wachsenden Arbeitslosenzahl. Der 1923/24 eingeleitete wirtschaftliche Aufschwung und die damit verbundene politische Stabilisierung waren zu Ende.
Im Frühjahr 1931 brauchten im Finanzamtsbezirk Koblenz, der 126 000 Einwohner umfaßte, 33 700 Arbeitnehmer keine Steuern zu zahlen, weil ihre Einkünfte unter dem amtlich errechneten Existenzminimum von 1200 Mark Jahreseinkommen lagen. Bei einer Wohnbevölkerung von 126 000 kann die Zahl der Arbeitnehmer nicht einmal 50 000 betragen haben, so daß eine erschreckend große Mehrheit ein Einkommen unter dem Existenzminimum hatte.
Mit der Zeit öffnete die Not manches Ohr für radikale politische Parolen. Hunger und Radikalität trieben Menschen auf die Straße. Nachts warfen Plünderer Schaufensterscheiben von Lebensmittelgeschäften ein und verschwanden

Wieder Garnisonstadt. Am 7. März 1936 hatte Hitler unter Verletzung des Versailler Vertrags die Wehrmacht in das Rheinland einmarschieren lassen. Große Teile der Bevölkerung erkannten damals nicht die Tragweite des Ereignisses

Unten: Die Nationalsozialisten bauten den Schloßplatz zu einer »Thingstätte« nach germanischem Vorbild um. Sie war am 21. März 1935 fertig. Vom Dach des Schlosses ertönte mittags aus einer ebenfalls germanisch nachempfundenen Lure die Melodie eines Liedes, dessen Text lautete: »Leuchte, scheine gold'ne Sonne über dieses freie Land.«

Umzug am 1. Mai. Viele – vermutlich die meisten – kamen der verordneten Pflicht nur notgedrungen nach

mit Butter, Marmelade, Wurst – meist bevor die Polizei alarmiert war.

Die Kommunisten zogen vor allem durch die Altstadt. Mit Schalmeien-Musik trieben sie sich an und machten sie auf sich aufmerksam. In der Kastorstraße organisierten sie Unruhen. Am 16. Juli 1931 zum Beispiel wurde dort die Lage gegen 22 Uhr ernst: An der Nagelsgasse hatten etwa 200 Demonstranten das Straßenpflaster aufgerissen und die Laternen zertrümmert. Als das »Überfallkommando« der Polizei eintraf, wurden die Beamten aus mehreren Häusern beschossen. Daraufhin riegelte die Polizei das ganze Häuserviertel ab und erwiderte das Feuer aus Pistolen und Karabinern (nach der hier schon bekannten Warnung »Fenster zu! Wir schießen!«). Am nächsten Tag mußte die Polizei schon wieder gegen eine starke Ansammlung von Demonstranten in der Kastorstraße eingesetzt werden. Augenzeugen wollen ein kleines Auto gesehen haben, aus dem heraus Kommunisten die Menschen angeheizt hätten. Anfang Juli kam es im Bereich der Feste Franz zu einem Feuergefecht zwischen Kommunisten und Nationalsozialisten. Am 20. Dezember 1932 sammelten sich gegen 17 Uhr auf dem Jesuitenplatz mehrere hundert Arbeitslose. Sie hatten eine Delegation zur Stadtverwaltung entsandt, um über eine Weihnachtsbeihilfe zu verhandeln, und nun warteten sie auf das Ergebnis dieser Besprechung. In der Zeitung heißt es am nächsten Tag: »Die Polizei zerstreute die Ansammlung.« Aber an verschiedenen Stellen der Stadt – zum Beispiel in der Schloßstraße, Görgenstraße und Kornpfortstraße – wurden (laut Polizeibericht unter Anleitung von Kommunisten) Geschäfte geplündert.

Die Ereignisse fielen zusammen mit einer Auszehrung der ohnehin nicht besonders beliebten Republik. Die Reichsregierungen wechselten in viel zu schneller Folge. Der Staat konnte seine ordnenden Aufgaben nicht mehr im notwendigen und erwünschten Maß erfüllen. Das Parlament, der Reichstag, wurde als »Quasselbude« diffamiert. Es war die Zeit, in der manche – und gar nicht wenige – sich nach der Monarchie zurücksehnten, und andere – bis in die Wählerschichten der SPD hinein – meinten, jetzt könne nur noch eine Militärdiktatur helfen. Der 30. Januar 1933, der Tag der »Machtübernahme« durch Hitler, stand vor der Tür.

★

In Koblenz fanden die Nationalsozialisten nicht die Resonanz, die angesichts der Not, der Unruhe, der verzweifelten Hoffnung in einem ungeliebten »System« sowie einer Angst vor dem Kommunismus vielleicht hätte vermutet werden können. Gewiß paßten einige sich schnell an. Sie hoben eifrig die rechte Hand zum »Heil Hitler«, marschierten bald in brauner Uniform hinter der Hakenkreuzfahne her; Diener und Stützen der neuen Machthaber, die nicht zögerten, ihr Gesicht zu zeigen: Der Stadtrat wurde aufgelöst; Polizeipräsident Biesten wurde beurlaubt und durch den Revierförster Wetter ersetzt; bewaffnete SA (»Sturmabteilung« der Nationalsozialisten) drang am 1. März in das Dienstzimmer des Oberbürgermeisters ein und erzwang von ihm das Hissen der Hakenkreuzfahne; vom 11. bis 13. März durfte die Volkszeitung nicht erscheinen; am 17. März wurde Oberbürgermeister Dr. Rosendahl, am 27. März Oberpräsident Dr. Fuchs abgesetzt; schon am 1. April 1933 postierten sich SA-Männer vor jüdischen Geschäften zum Boykott. Es dauerte auch nicht mehr lange, bis die ersten Koblenzer NS-Gegner, darunter viele Kommunisten, in ein Konzentrationslager gebracht wurden. Einige von ihnen kamen nach ein paar Monaten geschunden zurück. Sie ließen sich von niemandem fragen, was mit ihnen geschehen sei; denn sie hatten sich verpflichten müssen, kein Wort darüber zu verlieren, und sie hielten diese Verpflichtung eisern ein, weil sie Angst hatten, sonst wieder ins KZ verschickt zu werden. So wurden Gegner gefügig gemacht und zum Schweigen gebracht. Die Machthaber hatten sicherlich nichts dagegen, daß viele Bürger davon hörten, weil sich auf diesem Weg die Angst lawinenartig vergrößern konnte.

Daß Koblenz – obwohl Gau-Hauptstadt – nicht zu einer »braunen« Stadt geworden ist, hat mancherlei Gründe. Die Mentalität der Rheinländer wird eine Rolle gespielt haben: sie lassen sich nicht gern vereinnahmen, und auf Druck wissen sie geschmeidig zu reagieren. Aber auch die gesellschaftliche Struktur der Stadt in jenen Jahren darf nicht unterschätzt werden. Damals gab es eine »Oberschicht«, die weitgehend aus katholischen Juristen bestand. (Die Zeit der von Preußen ins Rheinland geschickten evangelischen Oberschicht war 1918 zu Ende gegangen.) Drei Namen seien für viele andere genannt: Henrich, Loenartz und Müller. Politisch war diese Schicht beim Zentrum oder bei den Deutschnationalen angesiedelt. In den Familien wurden Hausmusik sowie politische und literarische Gespräche gepflegt. Die Töne und die Methoden der Nationalsozialisten wirkten auf sie abstoßend. Ihre Gegnerschaft zum Regime war bald bekannt, ohne daß die Geheime Staatspolizei eine Möglichkeit zum Zugreifen sah. Dieser »Oberschicht« entsprach eine große »Mittelschicht«, die im Katholischen Leseverein zu finden war: alteingesessene solide Koblenzer Bürger – Handwerker, Kaufleute, Lehrer, Beamte, Angestellte. Aber auch aus der beschriebenen »Oberschicht« gehörten einige dem Leseverein an; die beiden Gruppen waren also miteinander verzahnt und geistig verwandt. Sie stellten eine Kraft dar, die dem Nationalsozialismus widerstand, nicht demonstrativ und kämpferisch, sondern in einer inneren, entschiedenen, zähen und unverkennbaren Ablehnung. Insofern hatten sie einen hohen politischen Wert.

Im »Braunen Haus« in der Schloßstraße – dort, wo nach dem Krieg die Rhein-Zeitung ihr Verlagsgebäude errichtete – regierten Gauleiter Simon und seine mächtige Behörde, die Leitung des Gaues Moselland (später Koblenz-Trier-Birkenfeld). Ein Gauleiter konnte in nahezu alle Vorgänge hineinreden, konnte sie an sich ziehen, Entscheidungen verwerfen, abschwächen oder verschärfen.

Hitler war zweimal in Koblenz: Am 21. April 1932 redete er vor 10000–12000 aus dem ganzen Mittelrheingebiet zusammengekommenen Teilnehmern einer Kundgebung auf dem Oberwerth. Die Volkszeitung schrieb am nächsten Tag: »Was Hitler gestern zu sagen hatte, war sprachlich gut gesetzt, aber inhaltlich wenig, war Negation, Demagogie, geschichtlicher Unsinn.« Am 26. August 1934 sprach er während einer groß aufgezogenen Saarkundgebung im Gelände der Festung Ehrenbreitstein. Weit über 100000 Menschen waren zu dieser Veranstaltung gekommen.

Wie überall in Deutschland wurden in der Nacht zum 10. November 1938, in der sogenannten »Reichskristallnacht« Wohnungen der Juden geplündert; die Synagoge im Bürresheimer Hof am Florinsmarkt wurde im Innern zerstört. Vorwand war der Tod des deutschen Botschaftsrats vom Rath in Paris »durch jüdische Mörderhand«, wie formuliert wurde. Das Nationalblatt schrieb an unauffälliger Stelle und in nur 45 Zeilen, aber hämisch: »Recht unsanft wurden die Salomons, Süßmanns, und wie die Hebräer sonst noch heißen, aus dem Schlaf geschüttelt. Scheiben klirrten, Fäuste trommelten an die Tür, und dann mußten sich die plattfüßigen Nackedeis eine gründliche Untersuchung ihrer Räume gefallen lassen. Daß dabei mit den Möbeln nicht gerade sanft umgegangen wurde – wer kann's den erregten Volksgenossen verargen.« Millionenwerte wurden in dieser Nacht vernichtet.

Inneren Frieden gab es in Deutschland schon lange nicht mehr. 1939 ging auch der äußere zu Ende. In der Garnisonstadt Koblenz waren die Kriegsvorbereitungen nicht zu übersehen.

Die Nationalsozialisten ließen keine Propaganda-Gelegenheit ungenutzt. Auch das 1925 anläßlich der »Reichsausstellung Deutscher Wein« erbaute Weindorf erhielt nach 1933 Hakenkreuzfahnen. – Auf dem Podium links der langjährige Bürgermeister des Weindorfs: Jupp Flohr

Vom 14. bis 16. Januar 1920 war der Kastorhof vom Hochwasser überflutet. Links das Gebäude der Kastorschule.
Unten: Kastorstraße und Anfang des Kastorplatzes (an der Ecke Nagelsgasse) am 31. Dezember 1919 im Hochwasser

Hochwasser und Eisgang

Hochwasser war in Koblenz ein zwar nicht regelmäßig eintreffendes, aber doch regelmäßig zu befürchtendes Naturereignis: Adventswasser und Schneeschmelze.

Die Bewohner der Moselstraße und der Kastorstraße hatten im Laufe der Jahre zwangsläufig Erfahrungen gesammelt. Sie mußten immer wieder ihre Wohnungen räumen oder konnten diese nur mit Mühe erreichen. Oft stand das Wasser auch in der Kornpfortstraße bis zur Danne hin und entsprechend in der Nagelsgasse. Die Kastorkirche wurde heimgesucht.

Die dringendste Hilfe kam zunächst von der Wasserwehr, deren Geräte im »Zunfthaus der Kaufleute«, an der Ecke Kornpfortstraße/Danne lagerten. Auf Holzböcken verlegte sie Stege. Vom Hauptsteg, der die Straße ersetzte, gingen Abzweigungen in die Häuser. War das Wasser so hoch, daß die Hausflure angefüllt waren und deshalb auch mit Hilfe eines Stegs nicht mehr benutzt werden konnten, dann wurden die Betroffenen in Kähnen vom ersten Stockwerk abgeholt (und hingebracht), oder sie mußten durch die Fenster über Leitern in einen Kahn – oder umgekehrt – klettern.

Zwei Beispiele:

Am 1. Januar 1926 wurde mit 9,30 Metern der höchste Pegelstand seit 1784 gemessen. 5100 Häuser, in denen 14 000 Menschen wohnten, waren dem Hochwasser ausgesetzt. 1924 hatte der Pegelstand 8,42 Meter betragen, am 15. Januar 1920 waren es 9,23 Meter. Am 3. Januar 1926 besichtigte eine Kommission der Stadt die vom Wasser heimgesuchten Straßen und Häuser. Die »Volkszeitung« berichtet: »Am Riesenfürstenhof wurde begonnen. Auf Stegen ging's durch einige Zimmer des Erdgeschosses... Der Fußboden gehoben. Die Wandbekleidungen beschmutzt, abgelöst... In der Kastorstraße sah es übel aus. Die Laufstege fehlten zum Teil, weil die Böcke nicht hoch genug waren und die Stege ins Schwimmen gerieten. Pontons fuhren hin und her: Leute wurden von der Wasserwehr versorgt, Körbe und andere Behälter wurden aus den oberen Stockwerken herunter gelassen und gefüllt wieder hinaufgezogen, auf Leitern stieg man in Wohnungen, so auch in der Moselstraße. Fürchterlich sah es in den Zimmern der Erdgeschosse aus. Tische, Stühle, Bänke, soweit sie nicht hatten weggebracht werden können, schwammen im Wasser. Bis in den Garten des Hospitals reichte die Flut.«

Ende November 1930 stand schon wieder die ganze Kastorstraße unter Wasser. Die Stege waren für die Nächte mit einer notdürftigen Beleuchtung ausgestattet. Familien, die in

*Das 1920er Hochwasser in der Andernacher Straße in Lützel. Die Wasserwehr sorgt für Verkehrsverbindungen
Unten: Ein Bild vom 31. Dezember 1919 in der Rheinzollstraße. Plattwagen einer Speditionsfirma stehen im Wasser*

Die Mosel am Deutschen Eck im Winter 1928/29

Unten: Kastorstraße im Hochwasser des Jahres 1925

Erdgeschoßwohnungen vom Hochwasser unmittelbar betroffen waren und nicht bei Verwandten oder Bekannten unterkommen konnten, wurden mit Wagen zur Falckensteinkaserne gebracht, die vorübergehend als Notunterkunft diente.

Für Kinder war Hochwasser zweifellos unterhaltsam, lustig und abenteuerlich. Wenn es über die Ufer trat, standen sie da in der Hoffnung, daß es weiter steigen möge. Wahrzunehmen, wie die Spitze des Deutschen Ecks überflutet wurde, wie das Wasser immer weiter in die Straßen und schließlich in die Häuser schwappte, wie Bäume über Nacht nicht mehr auf Land zu stehen schienen, sondern aus dem Wasser herausragten, mit dem Fahrrad durch den Rand des Hochwassers zu fahren, der Wasserwehr zuzusehen: das hatte einen eigenen Reiz.

In einem ähnlichen Rhythmus wie Hochwasser war auch Eisgang auf Rhein und Mosel zu erleben. Mit Kälte, Schnee und Eis war so zuverlässig zu rechnen, daß es nicht nur in den meisten Familien einen Schlitten gab, der – wenn die Erinnerung nicht täuscht – jedes zweite oder dritte Jahr benutzt werden konnte, sondern daß auch viele Koblenzer Schlittschuhe besaßen. Das stille Wasser der Lache zwischen Rheinanlagen und Oberwerth hatte nicht selten eine feste, tragfähige Eisdecke, auf der Schlittschuhläufer ihre Künste probieren oder verbessern konnten.

Weniger spielerisch wirkte sich Eisgang auf den Flüssen aus. Solange Treibeis glatt abfloß, machte sich niemand ernste Sorgen. Gefährlich wurde die Lage jedoch, wenn sich dicke Schollen festsetzten und stauten. In Koblenz stellte sich dann die Frage, ob das Eis von Mosel und Rhein zu unterschiedlichen Zeiten sich lösen und gefahrlos nacheinander abfließen würde, oder ob es gleichzeitig am Deutschen Eck ankomme, zusammenpralle und sich dann dort auftürme. Welche ungeheure Kraft hinter Treibeis stehen kann, war an der alten Moselbrücke zu ahnen, wenn die Eisbrokken sich unter ohrenbetäubendem Tosen ihren Weg zwischen den engstehenden Pfeilern hindurch brachen.

Der Februar 1929 brachte gefährliche Kälte. Minus 29 Grad wurden gemessen. Zwischen Mannheim und der holländischen Grenze lagen rund 50 größere Schiffe auf dem Rhein im Eis fest, mehrere hundert hatten in nur schwach geschützten Häfen Zuflucht gesucht. Am 12. Februar kam es am Deutschen Eck zu einer Eis-Stauung, die sich jedoch ohne Folgen wieder auflöste.

Auch der Winter 1932/33 gehörte zu den sehr harten. Bei Lay war die Mosel zugefroren, und an der Loreley lag ein Schiff im gestauten Eis des Rheins fest. Koblenzer Väter erzählten ihren Kindern bei solchen Anlässen, in früheren Jahren habe sich am Deutschen Eck einmal zusammenprallendes Eis von Rhein und Mosel so hartnäckig festgesetzt und hochgetürmt, daß Artillerie habe hineinschießen müssen, um den Stau aufzulösen.

Hotel Koblenzer Hof an der Schiffbrücke und unten der Bahnhof Ehrenbreitstein im Hochwasser Januar 1920

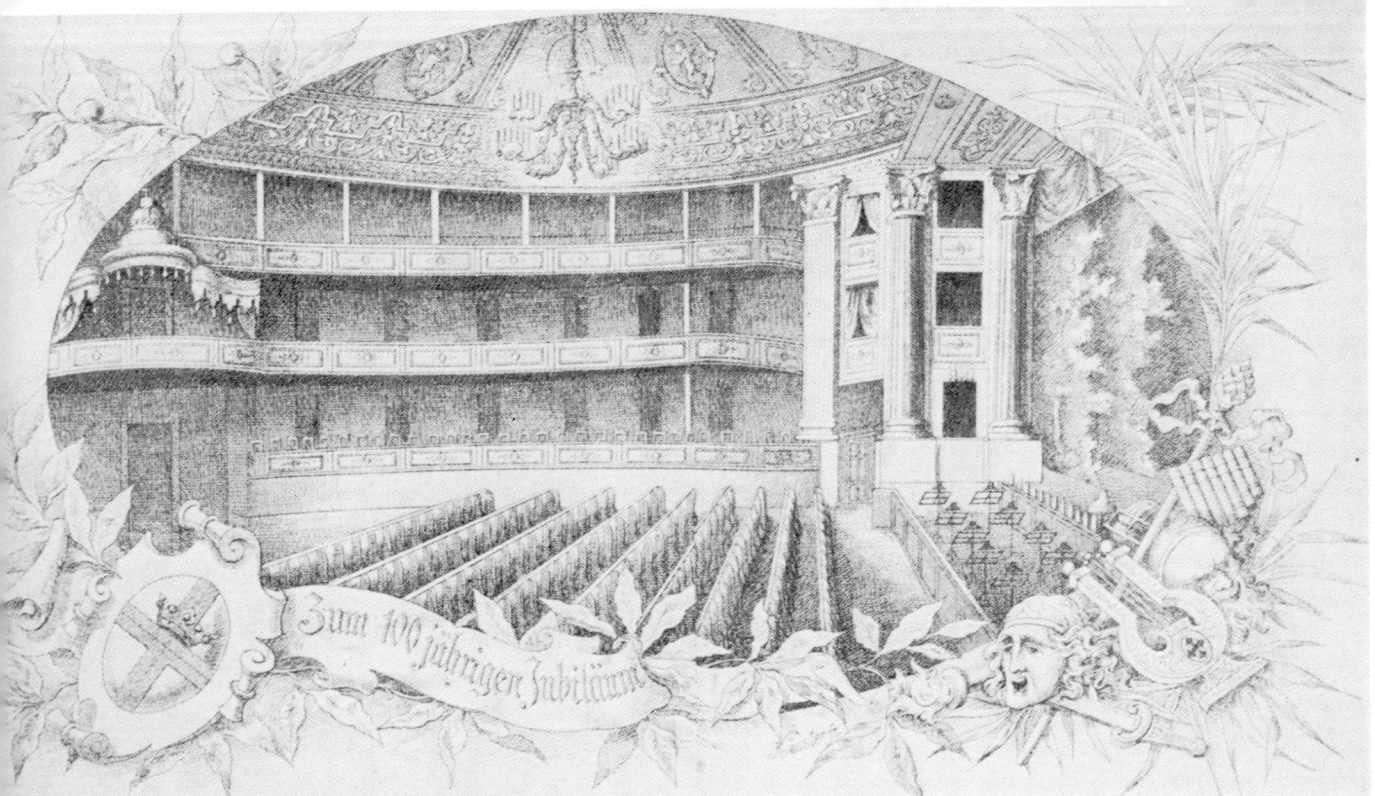

Das Innere des Theaters am Clemensplatz nach einer Zeichnung anläßlich des hundertjährigen Bestehens 1887

Berühmte Künstler: Wegener, Kes, Böhlke

Im Seitenrang oben rechts des Stadttheaters saßen wir; ein paar Jungen, Knickerbocker, weiße Strümpfe. Nein, wir standen; vorn, an der äußersten Spitze der »Galerie«. Für einen besseren Platz reichte das Taschengeld fünfzehnjähriger Schüler nicht. Erster Theaterbesuch. Wir klatschten am Ende wie die Besessenen. Nicht weil wir gemeint hätten, das gehöre sich so für die Galerie, sondern weil wir gar nicht anders konnten. Wir suchten nicht kühle, analysierende Distanziertheit, sondern waren bereit und entschlossen, begeistert zu sein.

Zum ersten Mal in dem Theater, das 1787 erbaut worden ist, also noch unter Kurfürst Clemens Wenzeslaus, und das seitdem viele Generationen gesehen hat. In solchen Augenblicken hat man nicht die ganze Geschichte gegenwärtig. Aber sie ist bedenkenswert, und sie steckt in den Mauern, in den Logen, im Plüsch und im Stuck. Entgegen mancher Behauptung ist das Koblenzer Theater nicht als Hoftheater begründet worden. Vielmehr hatte Clemens Wenzeslaus für ein Theater keinen Groschen mehr, nachdem er das Schloß gebaut hatte. Deshalb lockte er für den Ausbau der Neustadt und speziell für den Bau eines Theaters mit Steuerfreiheit. Ein Hofrat Schmitz, vermutlich aus Düsseldorf, errichtete das Theater auf eigene Rechnung als ganz und gar privates Unternehmen. Den Charakter eines Hoftheaters hatten die Räume nur dann, wenn der Kurfürst sie für einen Ball beanspruchte oder wenn er eine Aufführung besuchte.

Der Beginn des 20. Jahrhunderts brachte für das Theater und für das Koblenzer Musikleben ein wichtiges Ereignis: 1900 wurde das Philharmonische Orchester gegründet, Vorläufer des städtischen Orchesters und der späteren Rheinischen Philharmonie. Dirigent (Opernkapellmeister) war Heinrich Sauer, ein Schüler von Humperdinck; Vorsitzender des »Philharmonischen Vereins«, der das Orchester trug, Kommerzienrat Carl Wegeler. Die Wegelers verstanden nicht nur etwas vom Wein- und Sektgeschäft (Deinhard), sondern förderten nachdrücklich auch das Kulturleben; so gehörte Geheimrat Julius Wegeler zu jenen Bürgern, die durch ihre Geldspenden den Bau der Städtischen Festhalle ermöglichten.

1907 ging Sauer mit den besten Kräften des Orchesters nach Bonn, weil ihm und seinen Musikern dort – im Gegensatz zu Koblenz – feste städtische Anstellung geboten wurde. Koblenz verpflichtete daraufhin das Kurorchester von Bad Neuenahr unter Kapellmeister Irrgang.

1910 begann eine neue Phase des Theaters: Kapellmeister Dr. Ludwig Meinecke wurde Direktor, und er pflegte betont die Oper (vorher hatte die Theaterleitung einige Jahre hindurch vor allem mit Operetten geschäftlichen Erfolg gesucht – »Der fidele Bauer« wurde 50mal aufgeführt). Meinecke brachte unter anderem »Tosca«, »Othello«, »Samson und Dalila«, »Tristan und Isolde«, »Rheingold« und

Das 1787 mit Mozarts »Entführung aus dem Serail« eröffnete Theater in einer Aufnahme vor dem Zweiten Weltkrieg

Paul Wegener, einer der großen deutschen Schauspieler, war 1896 und 1897 am Koblenzer Theater. Er erinnerte sich: »Ich war in Koblenz stolz, der erste Charakterdarsteller zu sein ... Koblenz spielte eine bemerkenswerte Rolle im Beginn meiner Bühnenlaufbahn.«

Erich Böhlke wirkte von 1926 bis Mai 1929 als Städtischer Generalmusikdirektor in Koblenz. Er war der erste Dirigent, der sowohl die Oper als auch das Musikinstitut leitete. Das Wirken dieses vitalen Musikers ist über Jahrzehnte in guter Erinnerung geblieben

Dr. Gustav Koslik war von 1935 bis in den Krieg hinein Städtischer Musikdirektor. Während seiner Zeit feierte das Stadttheater 1937/38 sein 150jähriges Bestehen. Auf dem Spielplan jenes Jahres standen 14 Opern, darunter, wie bei der Eröffnung, Mozarts »Entführung«

Am 6. Juli 1899 wurde um 17 Uhr der Grundstein zur Städtischen Festhalle gelegt. Kommerzienrat Julius Wegeler hatte den Anstoß gegeben – und auch Geld. 1901 war das Jugendstil-Gebäude am Übergang von der Neustadt in die Mainzer Straße fertig (der Kaiser-Wilhelm-Ring lief alleeartig auf die Festhalle zu). Von diesem Tag an hatte der Rathaussaal als Konzertsaal ausgedient. Mit einem »Fest-Conzert« des Musik-Instituts wurde das Haus am 10. Oktober um 19 Uhr eröffnet. Die Leitung hatte Prof. Konrad Heubner, der eigens eine Fest-Overtüre komponiert hatte. Der Chor des Musik-Instituts verfügte damals über 60 Sopranistinnen, 52 Altistinnen, 20 Tenöre und 29 Bässe. – Bild oben: Der große Saal der Festhalle mit Orgel und Emporen, rechts der Eingang in den Südsaal. Unten: Außenansicht der Festhalle, die mit Girlanden zu einem offensichtlich festlichen Ereignis geschmückt ist.

Stätte gesellschaftlicher, musikalischer, politischer Ereignisse: der große Saal des Katholischen Lesevereins (1936)

1924 Wagners »Ring des Nibelungen« zum ersten Mal in einem geschlossenen Zyklus.
Erst 1920 übernahm die Stadt das Haus am Clemensplatz. Seitdem ist es Stadttheater. 1926 wurden Erich Böhlke als musikalischer Leiter und Herbert Maisch als Intendant verpflichtet. Beide blieben nur etwas mehr als zwei Jahre. Nachfolger Maischs wurde Richard Jost, der 1930 in Koblenz starb. Das Theater hatte in jenen Jahren schwierige Zeiten durchzustehen. Immer wieder drohte die Schließung, weil die Stadt in Geldnot war. Eine Spielzeit lang wurde nur das Schauspiel aufrechterhalten. Intendant Bruno Schönfeld konnte 1931 diesen Beschluß des Stadtrats rückgängig machen. Schönfeld hat einen Goethe-Zyklus und einen Gerhard-Hauptmann-Zyklus gebracht (Hauptmann war aus diesem Anlaß in Koblenz). Da der neue Intendant nicht rein arisch war, drängten die Nationalsozialisten ihn 1933 aus dem Amt. Seine Nachfolger waren Hans Press (1933–1937), Fritz-Richard Werkhäuser (1938 im Alter von 38 Jahren gestorben) und seit 1939 Hans Kämmel.
Als Musikdirektoren kamen nach Böhlke 1929 Kurt Overhoff und 1935 Dr. Gustav Koslik. Unter all diesen Dirigenten blieb Ludwig Meinecke als Kapellmeister am Koblenzer Stadttheater.

Die Spielplangestaltung hat sich seit der Jahrhundertwende tiefgreifend geändert. In der Spielzeit 1899/1900 wurden rund 60 Stücke aufgeführt, die meisten von ihnen nur ein einziges Mal. Zehn Jahre vorher hatten sogar 80 Titel auf dem Programm gestanden, darunter 25 Opern; »Lohengrin« zum Beispiel wurde in jener Spielzeit fünfmal aufgeführt. »Troubadour« dreimal, »Figaros Hochzeit« zweimal, »Don Juan« dreimal, »Fidelio« zweimal. Damals war eben die Zahl aller Theaterbesucher längst nicht so hoch wie später. Aber wer ins Theater ging, der tat es häufig und wollte dann immer ein anderes Stück sehen. Theater war für eine bestimmte Gruppe von Bürgern die wichtigste Unterhaltungs- und Bildungsstätte. Schallplatten, Rundfunk und Fernsehen waren noch unbekannt. Und schließlich war die Ausstattung eines Theaterstücks preiswert; Bühnenbilder gab es nicht, nur ein paar Kulissen, Kostüme brachten die Künstler oft selbst mit. Ein Titel mußte also nicht möglichst lang auf dem Programm bleiben, damit sich die Investition für die Ausstattung lohnte und hereingespielt wurde.
Aus der Zeit zwischen 1900 und 1939 sind ein paar Künstler zu nennen, die von Koblenz aus in eine glanzvolle Karriere gestartet sind: Paul Wegener, Benno Kusche, Willi Birgel, Paul Klinger, Marianne Schech. Für Koblenz und die

Theaterfreunde waren jedoch andere, die in der Stadt blieben, genauso wichtig, vielleicht noch wichtiger: Olga Hagebauer, Fritz Gerson, Carl Wallenda – um nur drei Namen zu nennen.

Über das Koblenzer Theater gab und gibt es unterschiedliche Meinungen. Die einen schwärmen von dem Bau: er sei wie geschaffen für Mozart (der sich einmal um die Leitung des Hauses beworben hat). Andere äußerten sich hochmütig und herablassend: das Haus sei zu klein, innen wie außen zu eng. Enthusiasten und Kritiker mögen auf ihre Weise Recht haben. Nur: Hochmut hat dieses Theater nicht verdient. Denn es bietet ein ungewöhnlich hohes Maß an Intimität; es erleichtert das Überspringen des »Funkens« von der Bühne ins Publikum; es hat eine lange, wechselvolle Geschichte – es ist gleichsam ein ehrwürdiges Theater.

Das Stadttheater war eine Seite der gleichsam offiziellen Kunst- und Musikdarbietung. Eine andere Seite war das Musik-Institut. Zusammen mit dem Theater war und ist es Träger einer musikalischen Tradition, die ihre Wurzeln in der kurtrierischen Zeit hat. 1808 gründete Joseph Andreas Anschütz – kein Berufsmusiker, sondern begabter Laie und von Beruf Richter – das Musik-Institut, das für sich den Ruf beansprucht, der älteste gemischte Chor Deutschlands zu sein.

Am Anfang stand Kirchenmusik: Der Chor sang in Liebfrauen und Kastor mehrstimmige Messen. Das ging nicht lange gut, weil nach Meinung der Pfarrgemeinden die Gottesdienste allzu sehr verweltlichten. In jener Zeit entstanden die Kirchenchöre. Gewisse Rivalitäten, auch Unfreundlichkeiten zwischen dem Musik-Institut und dem einen oder anderen Kirchenchor sind seitdem nicht ganz überwunden worden. Doch wir müssen hier die lange und interessante Geschichte des Instituts überspringen.

Im Herbst 1905 – die Festhalle stand schon – übernahm der damals 49 Jahre alte, in der internationalen Musikwelt anerkannte Generalmusikdirektor Willem Kes, ein gebürtiger Niederländer, die musikalische Leitung des Instituts. »Papa Kes«, wie er liebevoll genannt wurde, blieb bis 1926. Acht Jahre später starb er im bayerischen Oberaudorf.

Nach Kes kam Erich Böhlke, ein mitreißender, energischer, vitaler Musiker, der freilich auch grob sein konnte, wenn es ihm für sein Programm als notwendig erschien. Zwei Beispiele: Als ein Extrachor zusammengestellt werden mußte und ihm dafür Herren empfohlen wurden, die – bei anerkannten Verdiensten – ihre besten Sängerjahre hinter sich hatten, entschied Böhlke sich barsch für Jüngere mit dem Satz: »Ich brauche Sänger, keine Jubilare.« Und ähnlich fuhr er eine langjährige Chorsopranistin an, die wegen einer kritischen Anmerkung zu weinen begonnen hatte: »Ich brauche Sängerinnen, keine Heul-Liesen.« Aber alle, die Böhlkes musikalisches Wirken erlebt haben, sind voll des Lobes über diese Zeit. Schon im Mai 1929 verließ er Koblenz. Nachfolger wurde – am Stadttheater ebenso wie an der Spitze des Musik-Instituts – Kurt Overhoff, ein liebenswürdiger Wiener. 1935 kam Dr. Gustav Koslik, der sich in der Programmgestaltung manchmal dem Druck der nationalsozialistischen Machthaber ausgesetzt sah.

Aus späterer Zeit – aus dem Jahr 1942, Schmidt-Scherf war Dirigent – gibt es ein Beispiel für geschickten Widerstand des Musik-Instituts gegen politische Einflußnahme. Orffs Chorwerk »Carmina Burana« war von der NS-Kulturleitung gewünscht worden. Musikalisch hatte selbstverständlich niemand etwas dagegen einzuwenden. Nachdem die Proben schon begonnen hatten, wurde jedoch bekannt, daß die Gauleitung diese »Sauf- und Schunkellieder von Mönchen und Nonnen« hinterhältig als ein Mittel gegen die katholische Kirche verstehen und verwenden wollte und deshalb Wert auf das Konzert legte. Was tun? Mit einem einzigen klugen Satz wurde die Absicht der Nazis erledigt: »Solange unsere Söhne an der Front kämpfen und sterben, können wir keine Sauflieder singen.« Diesem Argument aus dem Vorstand hatte die Gauleitung in der Schloßstraße nichts entgegenzusetzen; sie mußte es zähneknirschend akzeptieren.

Volksfest an der Mosel zwischen Eisenbahn- und Balduinbrücke. Zweimal im Jahr, im Frühling und im Herbst, zog die »Messe« viele tausend Koblenzer zum Kirmesplatz in Lützel (Foto: 1938). Dort schlugen auch Zirkusse ihre Zelte auf

Auf dem Rittersturz begannen am 20. April 1927 die Arbeiten an dem neuen Berghotel. Ursprünglich hatte dort eine bewirtschaftete Waldhütte gestanden und ab 1892 ein »festes Wirtschaftsgebäude«, wie es in der Fachsprache hieß. Das Berghotel war nicht zuletzt wegen seines Ausblicks weit ins Rheintal und über die Stadt bald sehr beliebt. Ebenfalls 1927 begannen die Arbeiten an der Rittersturz-Bergbahn, einer Drahtseil- und Zahnradbahn (unteres Bild). Sie wurde Anfang Juni 1928 eröffnet. Trägerin war die Koblenzer Straßenbahn-Gesellschaft

Blick vom Rittersturz. Das Oberwerth ist erst schwach besiedelt, an der Schmittenhöhe steht noch kein Haus

Die kleinen Feste einer alten Stadt

Kleine Feste und Ereignisse unterbrachen hin und wieder den Alltag: Eine Kirmes, der Martinszug, die »Meß«, ein Flugtag, der »Zeppelin«, zeitweise ein Rosenmontagszug und anderes.

Die traditionsreichsten Kirmesfeiern im alten Koblenz waren die der Weißergasse und der Kastorgasse. Beide, und das ist typisch für die Geschichte der Stadt, gehen nicht auf die Weihe der beiden Pfarrkirchen Liebfrauen und Kastor zurück, sondern die eine auf die Kirchweihe der Dominikanerkirche, die andere auf die der Hospitals- oder Franziskanerkirche; es waren also Straßenfeste und nicht etwa Oberpfarr-Kirmes und Kastor-Kirmes. Die Kastorgässer nahmen ihre Tradition – und damit den Konkurrenzkampf mit den Weißergässern um den höchsten und schönsten Baum – nach einer längeren Unterbrechung erst 1931 wieder auf. Baum und Buden standen in beiden Straßen getrennt: Die Weißergässer stellten ihren Baum auf dem kleinen Platz vor dem Maria-Victoria-Tor auf; die Buden waren auf dem Gelände zwischen Dominikanerkloster und Bahn aufgebaut; der Baum der Kastorgässer stand auf dem Hospitalplatz, Kirmesmusik erklang vom Ende der Elzerhofstraße.

Natürlich hatten die Vororte und späteren Stadtteile ihre eigenen Kirmesfeiern, meist mit langer Geschichte: Ehrenbreitstein, Niederberg, Arenberg, Arzheim, Pfaffendorf, Horchheim, Laubach, Moselweiß, Güls, Metternich, Lützel und Neuendorf. Die Niederberger zum Beispiel feiern seit 1080, die Lützelländer Kirmes geht auf die 1218 zum erstenmal erwähnte und 1688 zerstörte Peterskirche zurück. In diesen Gemeinden oder Stadtteilen gehörte die Kirmes zu den höchsten Festen des Jahres.

1908 ging in Koblenz der erste Martinszug. Bis dahin hatten am Abend des 10. November, dem Vorabend des Martinsfestes, die Jugendlichen verschiedener Straßen zahlreiche große Martinsfeuer abgebrannt. Beim Sammeln des Brennmaterials war es in den Tagen vorher regelmäßig zu kleinen Straßenschlachten gekommen, weil die Jungen nicht duldeten, daß andere in »ihrer« Straße Brennbares erbaten. Feuergefahr und Schlägereien nahmen ein solches Ausmaß an, daß die Polizei alle Martinsfeuer verbot. Das aber löste den Protest der Bürger aus. Aus Sorge auf der einen und Traditionsbewußtsein auf der anderen Seite entstand ein Kompromiß: Durch alle Stadtteile zog ein gemeinsamer Martinszug, vor den Kindern mit ihren »Meerdesknollen« und Fackeln ritt »St. Martin« auf einem Schimmel, und auf dem Clemensplatz wurde ein großes, aber eben nur dieses eine, von der Feuerwehr leicht unter Kontrolle zu haltende Martinsfeuer abgebrannt.

Noch aus der früheren, rivalisierenden Form der »Meerdes« Feiern stammt das aufschlußreiche Mundartlied:

»Stiwwele, Stiwwele, Stang,
vur der Weißergaß ha'mer kai Bang,
kommt gieht er (ihr) met en't Gäßje,
do haue mer dä Weißergässer dat Schäßje.«

Weißergässer sangen das Lied anders. Sie hatten »vur der Kastergass« keine Bange, und entsprechend drohten sie, den Kastorgässern »dat Schäßje« zu verhauen. Ein Warn- und Schimpflied hatten alle gemeinsam auf Vorrat, wenn sie Holz, Papier und andere brennbare Abfälle fürs Feuer sammelten:

»Dotz, Dotz, Dilljedotz,
wer nix get, dä es nix notz.«

Und schließlich ein eher kurioses Lied:

»Hailje Sankt Meerdes,
met dä siwwe Keerze,
met dä siwwe Rude (Ruten),
die Nas soll blode,
't Blod laift en't Bäckerschhaus,
breng mer en warme Weck eraus,
mir aine, dir aine,
annere Kenner gar keine.«

Eine knusprige »Martinsgans« stand abends bei fast allen Familien auf dem Tisch. Freilich konnten sich längst nicht alle das gebratene Federvieh leisten. Die meisten aßen deshalb einen ebenfalls schmackhaften, fetten und genau wie die Gans schwer im Magen liegenden, aber billigeren Ersatz: den aus geriebenen rohen Kartoffeln, in Milch geweichten Brötchen, Eiern, etwas Mehl, Zwiebeln, Gewürzen und Speckstückchen in Öl gebackenen »Debbedotz« oder »Debbekoche«, was streng ins Hochdeutsch übersetzt »Topfkuchen« heißt, zu Martin nannte man ihn auch »Arme-Leute-Gans«.

Ein kleines Volksfest war alljährlich – wie heutzutage noch – die »Meß«, eine Volksbelustigung mit Karussells, Schießbuden, Zaubereien und ähnlichem; eine Art Stadtkirmes, ohne ein Kirchweihfest oder ein Schützenfest zu sein, auch ohne Baum – dafür aber zweimal im Jahr, im Frühling und im Herbst. Bis 1902 wurde die »Meß« am Ende der Moselstraße (Bild Seite 21) aufgebaut, danach in Lützel zwischen Balduinbrücke und Eisenbahnbrücke am Moselufer (Bild Seite 86).

Eine über die Stadtgrenzen hinaus anerkannte Hochburg des Karnevals war Koblenz nicht, obwohl Fastnachtsbräuche weit zurückreichen, und der oft beschriebene »Bazillus« auch hier bis Aschermittwoch grassierte. Nach dem Ersten Weltkrieg duldeten die Besatzungsmächte kein Fastnachtstreiben in der Öffentlichkeit. Danach kam bald der nationalsozialistische Druck. Immerhin verschaffte sich die Kolping-Familie durch die Gründung der Karnevalsgesellschaft »Funken Rot-Weiß« die Möglichkeit, auch in der NS-Zeit noch an die Öffentlichkeit zu treten. Jupp Thunert und Willi Hörter sen. hatten dabei ihre Verdienste. 1934 zog zum erstenmal wieder ein Rosenmontagszug durch die Straßen, Prinz war Johannes Dahm.

Als das Karthäuser Feld noch unbebaut war, wurde es als Flugfeld benutzt: 1909 landete Luftschiff Parsival dort

Am 1. Mai 1902 ist der Hauptbahnhof eröffnet worden. Die Aufnahme oben zeigt ihn im Jahr 1905, also so, wie er erbaut worden ist. Vor dem Bahnhof sind Pferdedroschken zu erkennen; für die damalige Zeit sicherlich nicht wenige. Ihre Anwesenheit läßt darauf schließen, daß die Vorläufer der Taxis gar nicht so selten in Anspruch genommen wurden

Unten: So sah der Vorgänger des Hauptbahnhofs aus. Dieses eher barackenartige Gebäude hieß damals noch Moselbahnhof. Der Rheinbahnhof stand in der Fischelstraße, die zu der Zeit aber noch Eisenbahnstraße hieß (und vor 1861 Seilerwall). Seit den Anfängen der Bahn war Koblenz ein wichtiger Knotenpunkt dieses neuen Verkehrsmittels

Ausschnitt aus einer Panorama-Aufnahme, die ein US-Soldat 1924 gemacht und 1945 Dr. Hans Bellinghausen geschenkt hat

Die Ehrenbreitsteiner blieben »Residenzler«

Welche Stadt, welcher Ort kann sich schon auf Goethe und Beethoven, auf Kurfürsten, Maler und Musiker, auf Militärs und auf Romantiker berufen? – Ehrenbreitstein kann es. Gewiß, das alles ist weit zurückliegende Vergangenheit. Aber noch bis ins 20. Jahrhundert hinein lebten das ehemalige »Mülheim im Tal« und seine Bürger in dem Bewußtsein einer glanzvollen und auch wichtigen Geschichte. Wie auch sollte ein Gemeinwesen vergessen, daß es einmal kurfürstliche Residenz und infolgedessen etwa hundert Jahre lang kultureller Mittelpunkt für das Land an Mittelrhein und Mosel war, daß der berühmte Balthasar Neumann hier gewirkt hat, daß aus der Ehrenbreitsteiner Familie Anschütz nicht nur der Komponist Peter Joseph Lindpaintner hervorgegangen ist, sondern auch das Musikinstitut, daß Beethovens Mutter Maria Magdalena Keverich aus Ehrenbreitstein stammt, daß der junge Mozart am 18. September 1763 hier gespielt hat, daß Goethe den Kanzler La Roche besuchte, und daß der rheinische Romantiker Clemens v. Brentano hier geboren ist?

Eine solche Geschichte hinterläßt zumindest Selbstbewußtsein, auch wenn manche Zeugen der Vergangenheit zerstört oder unansehnlich geworden sind. So versuchten die Ehrenbreitsteiner, wenigstens bis zu ihrer Eingemeindung 1937, immer noch etwas von dem Gefühl zu erhalten, daß sie »Residenzler« waren und in der Bedeutung zeitweise vor Koblenz rangierten.

Eine Gerberei am Anfang des Blindtals, eine Essig- und Senffabrik und Weinhandel gehörten zu Ehrenbreitstein. Eine der ältesten Weinhandlungen führte die Familie Buschmann, angesehene Bürger in einem stolzen, 1703 erbauten Haus.

Nahe der »Kniebreche« hatte die Straßenbahn ein Depot für die rechtsrheinisch fahrenden Wagen. In unmittelbarer Nachbarschaft lag das »Schweizerhäuschen«, das mit einem Affen und verschiedenen Vogelarten sonntags Familien mit Kindern zum Nachmittagskaffee anzog. Auf dem Rückweg von diesem und anderen Spaziergängen wurde der Dähler Born probiert. Längst war die Zeit vorbei, in der einige Leute geglaubt hatten, Ehrenbreitstein könne mit heißen Quellen dem benachbarten Bad Ems Konkurrenz machen. Geblieben war der Sauerbrunnen; ein Wagen brachte Dähler Born nach Koblenz. Über die Beliebtheit des eisenhaltigen Wassers könnte der Vers Aufschluß geben:

»Dä Bornskroch gieht von Schniß zo Schniß,
irscht (erst) dä Pidder, dann dat Liß.«

Ehrenbreitstein – Stadtteil mit eigener, stolzer Geschichte und entsprechendem Bürgerbewußtsein. Oben: Blick von der Schiffbrücke auf das Hotel-Restaurant »Zur schönen Aussicht« und auf den Gasthof Kreutz um 1920. – Unten: Der »Platz« läßt etwas von dem Charakter Ehrenbreitsteins ahnen, vom »Dahl« mit seinen alten Gassen und Häusern

Geschwommen wurde vor dem Zweiten Weltkrieg – sieht man vom Residenzbad in der Kastorpfaffenstraße ab – im Rhein und in der Mosel. Unsere Bilder zeigen Badebetrieb im Strandbad Oberwerth 1935. Außer diesem gab es die Strandbäder Neuendorfer Eck und Rauenthal, ferner schwimmende Badeanstalten vor Ehrenbreitstein, in der Lache und vor Lützel

Die Schwimmvereine Poseidon, Rheingold und Rhenus trainierten im Residenzbad (Bild) in der Kastorpfaffenstraße. Es war das einzige Hallenbad der Stadt. Auf den kurz nach der Jahrhundertwende für das neue Bad gebauten verspielten Wasserspeier ist später verzichtet worden

Fußballspielen überließen die Augustaner den Reälern

Im Klassenzimmer stand ein Kohleofen, daneben ein Gestell mit einer Schüssel und einer Kanne Wasser, damit der Lehrer sich die Hände waschen konnte. Einer der Lehrer, er war sogar Konrektor, spuckte auf den Boden (bis zu 18 mal in einer Stunde) und schüchterte uns Achtjährige mit groben Drohungen ein.

Ein anderer, ein von Grund auf anderer Lehrer umarmte mich, als ich mit 15 Jahren während des Unterrichts zum Gestapo-Verhör mußte; wie ein sorgenvoller Vater druckte er mich an sich und sagte: »Komm gut zurück, Junge – ich bete für dich.«

Während der NS-Zeit mußten wir zum Ende des alten und nach den Ferien zum Beginn des neuen Schuljahres auf dem »Hof« im Karree antreten: Stillgestanden, Augen rechts, holt nieder Flagge (am Schuljahrsbeginn »Heißt Flagge«), der Oberstudiendirektor hob die Hand zum »Deutschen Gruß«, Deutschlandlied, Horst-Wessel-Lied. So lief das ab.

Viele Namen von Lehrern müßten genannt werden, alle mit Geschichten verbunden: In der Schenkendorfschule etwa Lehrerin Hölzgen, an der Kastorschule die Geschwister Laux, am Kaiserin-Augusta-Gymnasium »Heino« (Dr. Josef Heinrichs, Musik und alte Sprachen), Pannhausen und »Julle« Schmidt, am Realgymnasium Studienrat König (Musik), an der Mittelschule Hanns-Maria Lux. Erinnerungen an Lehrer und Schulen. Viele Schüler könnten eine kleine »Feuerzangenbowle« schreiben.

Als die eigentlichen und wahren Gymnasiasten empfanden sich die vom humanistischen »Augusta« (nach dem Zweiten Weltkrieg Görres-Gymnasium). Sie waren Traditionsträger des Jesuiten-Gymnasiums, in dem schon am Ende des 16. Jahrhunderts rund 300 Schüler unterrichtet worden waren. Alte Sprachen (ab Sexta Latein, ab Quarta Griechisch) bereiteten zwar manchmal Mühe, wie vieles andere in der Schule, aber nicht nur die Lehrer sagten, sondern auch die (meisten) Schüler hörten gern, daß dies der Weg zu den Wurzeln der abendländischen Geschichte und damit zu uns selbst sowie zu konsequentem Denken sei.

Das Selbstbewußtsein der »Augustaner« war nicht etwa im Wohlstand der Elternhäuser begründet; Söhne reicher Väter waren eher in dem noch jungen Kaiser-Wilhelm-Realgymnasium zu finden. Die Geschichte und der Hintergrund müssen es gewesen sein, die der Schule ihren Stempel gegeben haben. Zu dem freundlichen, gepflegten Stolz der

»Augustaner« gehörte die kleine, aber feine Unterscheidung, die sie im Sport machten: Fußballspielen überließen sie den »Reälern«; sie selbst spielten Handball.

Folgende Schulen hatte Koblenz: Städtisch sieben katholische und drei evangelische Volksschulen, die Mittelschule (Realschule), das Kaiser-Wilhelm-Realgymnasium; staatlich das Kaiserin-Augusta-Gymnasium, die Hildaschule, das katholische Lehrerinnen-Seminar; in privater Trägerschaft die Ursulinenschule, zeitweise Beckers Katholische Privat-Mädchenschule, bis 1920 das Katholische Jungen-Pensionat Kemperhof (eine Realschule ohne Latein), Dr. Zimmermannsche Handelsschule, Dr. Arles Höhere Privatlehranstalt in der Casinostraße, Wissenschaftliches Pensionat der Salesianerinnen in Moselweiß.

★

Im Jahr 1900 wurde als erster Fußballverein der »Coblenzer Fußballclub« gegründet. Bald danach folgten die Stadtteile und Vororte. Erst 1911 entstand in Neuendorf ein Fußballverein, dann ging es dort aber schnell bergauf mit dieser Sportart, wie die Erfolge von TuS Neuendorf seit etwa 1927 bewiesen. Die Ruderclubs haben eine längere Geschichte. Sie geht zurück in das Jahr 1867. Die Konkurrenten »Koblenzer Ruderclub« und »Rudergesellschaft Rhenania« schlossen sich 1910 zum »Ruderclub Rhenania« zusammen, 1921 entstand die »Koblenzer Rudergesellschaft«. Ringen war über viele Jahre mit dem Namen Schwarzkopf verbunden. Sportliches Schwimmen gab es seit 1903 im Schwimmverein, 1924 wurden »Rhenus«, »Rheingold« und »Poseidon« gegründet. Der Reitclub war 1903 entstanden. 1934 wurde auf Oberwerth das Stadion gebaut, dem die Nationalsozialisten den Namen »Hermann Göring« gaben. Sie schalteten den Sport gleich, wie sie das nannten; sie meinten damit die Steuerung der Vereine durch die Partei.

Oben: Hanns Maria Lux (geb. 1900), Schriftsteller, Germanist, geachteter Lehrer an der Mittelschule (heute: Realschule). Trotz seines Saarliedes »Deutsch ist die Saar...« war er auf deutlicher Distanz zum NS-Regime. Seine Schüler erinnern sich, daß er zum Beispiel die Verfolgung der Juden öffentlich vor der Klasse kritisiert hat
Unten: Abc-Schützen der Kastorschule (Lehrerin Laux)

Alte Fotos von Schulklassen sagen viel über frühere Zeiten aus. So ist zum Beispiel die Kleidung der Mädchen beachtenswert (unten eine Klasse der Schenkendorfschule 1934); viele tragen eine Schürze; die Hände der Schülerinnen liegen der damaligen Zeit und der Strenge der Lehrer entsprechend auf dem »Pult«. Die Jungen auf dem Bild oben sind offenbar fortgeschrittener, obwohl das Foto etwa aus dem Jahr 1928 stammt, aber die Jungen sind wohl älter. Bei ihnen verdienen Mützen, Hosenträger und Hosen Beachtung. Rückblickend mag man sich über die Kleidung wundern, aber die Jungen waren der – weniger anspruchsvollen und auch weniger finanzkräftigen – Zeit entsprechend angezogen. Sowohl das Foto unten als auch das auf Seite 95 vermitteln einen Eindruck davon, wie Schulräume früher aussahen und wie stark Klassen waren. Die untere Hälfte der Wände war dunkel angestrichen (weil's länger hielt), oben hingen Märchenbilder. In der Schenkendorfschule war immerhin schon Zentralheizung. In der alten Kastorschule dagegen standen noch Kohleöfen. Alles war bescheiden, aber die Zahl der Schüler war groß

Bier und Wein und eine Sirene

Morgens um halb acht ertönte in Lützel die Sirene der Papierfabrik Meyer-Alberti. Sie war weit zu hören und für manchen Müden das letzte Zeichen aufzustehen. Die Tatsache, daß diese eine – einzige – Sirene sich so eingeprägt hat, sagt genug über das geringe Ausmaß der Industrialisierung. Genau genommen, gehörte kein in Koblenz ansässiges Unternehmen unter die Rubrik »Industrie«. Handel und Handwerk waren vorherrschend – abgesehen von Verwaltung und Militär. Zwar gab es die Schiffswerft Stumm in Lützel sowie Fabrikationsstätten für Schuhe, Seifen (die Maretsche Seifenfabrik galt als das älteste Industrie-Unternehmen), Klaviere, Möbel, Essig und Zigarren, ferner Gerbereien und Holzlager. Aber es handelte sich dabei nicht um Großbetriebe. Die nahe Ton-Industrie hatte in Koblenz nur ihre Verwaltung, zum Beispiel Steuler in der Roonstraße.

Gewichtig waren die Bierbrauereien und der Weinhandel. Im Adreßbuch von 1913/14 sind fünf Brauereien verzeichnet: Kloster-Brauerei (Metternich), Königsbacher Brauerei, Mittelrheinische Brauerei (Laubach), Schaaf (Niedermendig, Verwaltung in Neuendorf) und Schultheis-Brauerei (Florinsmarkt). 82 Bierhandlungen waren eingetragen. 1929/30 war die Zahl der Firmen, die sich »Bierhandlung« nannten, auf acht zurückgegangen.

Die Kloster-Brauerei war 1894 erbaut worden. Während des Ersten Weltkrieges erwarb sie mehrere Brauereien, die in wirtschaftliche Schwierigkeiten geraten waren, darunter auch die »Mittelrheinische«. 1925 hatte sie einen Ausstoß von 100 000 Hektolitern.

Die Königsbacher Brauerei stieß 1890 rund 5000 Hektoliter aus, an der Jahrhundertwende 50 000, und 1915 waren es 100 000 Hektoliter. Der Weg in eine erfolgreiche Zukunft war beschritten. Die Anfänge dieses Wegs lagen im »Alten Brauhaus« in der Braugasse. Die »Königsbacher« hatte früh eine eigene Krankenkasse, eine Unterstützungskasse und eine Witwenpensionskasse eingerichtet. Die Koblenzer beurteilten die »Königsbach« jedoch nicht nach Zahlen und sozialen Einrichtungen, sondern nach der Qualität des Biers und nach dem beliebten Gartenlokal auf dem Brauereigelände.

Für die Vorratshaltung in Haushalten und Hotelküchen lieferten die Brauereien das Stangeneis. Die Kühlschränke waren damals wirklich Eisschränke: Sie erzeugten nicht selbst Kälte, sondern hatten ein Fach, das mit Eisstücken gefüllt wurde. Dieses Eis fuhren die Brauereien in kastenförmigen Pferdewagen durch die Stadt. Die »Eismänner« trugen die etwa einen Meter langen, vielleicht 20 Zentimeter

Charles Hasslacher, Mitinhaber des Hauses Deinhard. Seit vielen Generationen wird die weltweit bekannte Firma von den Familien Hasslacher und Wegeler getragen

hohen und zehn Zentimeter breiten Stangen auf ihren ledergeschützten Schultern in die Häuser. Brauereien brauchten das Eis für ihre Lagerkeller. Die Klosterbrauerei erzeugte um 1925 täglich bis zu 500 Zentner Kunsteis, für die Waggonkühlung waren außerdem große Natureiskeller vorhanden, die jährlich mit Tausenden von Zentnern Eis gefüllt wurden. Die Eismaschinen der Königsbacher Brauerei produzierten in jener Zeit täglich tausend Zentner. Das Bier ist geblieben. Die Pferdewagen mit Stangeneis sind aus den Straßen verschwunden; ebenso die Rollwagen mit gestapelten Fässern, gezogen von den sprichwörtlichen »Brauerei-Gäulen«.

Vom Bier zum Wein. Im letzten Viertel des 19. Jahrhunderts war das Haus Deinhard die größte Weinkellerei am Rhein. Die Entstehung dieses weltweit bekannten und angesehenen Unternehmens muß hier übersprungen werden; sie lag im 18. Jahrhundert. Aber ein Blick in das Ende des 19. Jahrhunderts ist verlockend:

Die Familie Wegeler – zusammen mit der Familie Hasslacher Eigentümer der Firma Deinhard – war nicht nur dem Wein- und Sektgeschäft zugetan, sondern liebte und förderte

Die alte Königsbacher Brauerei. Die Ursprünge reichen zurück in das Jahr 1689, als Josef Thillmann im Haus Monreal in der Braugasse eine Brauerei gründete. Kurz vor der Jahrhundertwende wurde die Firma zur Königsbach verlegt

auch die Kunst, besonders die Musik; Franz Gerhard Wegeler war mit Ludwig van Beethoven befreundet. Irgendwann war Johannes Brahms Gast der Familie. Julius Wegeler bot dem Komponisten einen hervorragenden Rüdesheimer Wein an und sagte dazu: »Dieser Wein ist unter den Weinen, was Brahms unter den Komponisten ist«. Darauf Brahms: »Dann hätte ich doch lieber ein Glas Beethoven.«

Kurz nach der Jahrhundertwende verfügte die Firma Deinhard über mehr als 30000 Quadratmeter Kellereien, in denen außer 3500 Fässern einige Millionen Flaschen lagerten. Das Sektgeschäft nahm kräftig und weltweit zu. Zum Weinbergbesitz gehörten beste Lagen in Rüdesheim, Geisenheim, Oestrich, Graach, Lieser und Bernkastel (darunter der berühmte »Bernkasteler Doctor und Graben«).

Das Haus Deinhard hat sich in Koblenz nicht zuletzt wegen seines Mäzenatentums Ansehen erworben. Julius Wegeler hatte den Bau der Festhalle angeregt und mit 100000 Mark zu dessen Finanzierung beigetragen. Als er 1913 starb, hinterließ er der Stadt unter anderem eine Stiftung in Höhe von 150000 Mark. Die Zinsen dieser Summe waren jährlich an über 60 Jahre alte Hilfsbedürftige zu verteilen.

Die Weingroßhandlung »Vereinigte Weingutsbesitzer« wurde erst Anfang des Jahrhunderts gegründet. 1913 behauptete sie von sich, sie habe den größten Umsatz, den je eine Weinkellerei der Weinbaugebiete »im unmittelbaren Verkehr mit Verbrauchern« erzielt habe. Als Weinhandlungen waren vor dem Ersten Weltkrieg 54 Firmen im Adreßbuch eingetragen, 1929/30 waren es noch 29; darunter sind so klangvolle Namen wie (in alphabetischer Reihenfolge): Botzet, Casino, Chardon, Deinhard, Drouven, Gräfin v. Königsmarcksche Weinkellerei, Katholischer Leseverein, Vereinigte Weingutsbesitzer.

Eine inzwischen aus Koblenz verschwundene Spezialität war der Klavierbau. Um 1910 beschäftigte die Firma Mand (Rheinische Pianofortefabriken) in der Schloßstraße 450 Mitarbeiter; jährlich wurden mehr als 3000 Instrumente hergestellt.

Zur wirtschaftlichen Basis der Stadt gehörten wesentlich die vielen Einzelhändler und Handwerksbetriebe sowie schon früh der Fremdenverkehr: 1907 wurden bereits 127000 Übernachtungen gezählt, 1912 mehr als 150000.

Aus dem Umland – Mosel Eifel, Hunsrück, Westerwald und Taunus – kamen Bauern und Winzer zum Einkauf, was natürlich Folgen für die Stadt hatte: Erstens stellten sich Geschäfte mit ihrem Angebot auf diese Käuferschicht, deren Interessen und deren Geschmack ein; zweitens wurde das Straßenbild immer ein Stück von den bäuerlichen Besuchern, den Käufern und Händlern, auch von Verwandten und Bekannten aus den Dörfern, mitgeprägt. So war neben der einsamen Sirene, den Fässern und Schiffen, neben den Hotels und dem Kaufmann an der Ecke auch das gemächliche Bauernfuhrwerk mit Ochsen oder Pferden ein Zeichen des Koblenzer Wirtschaftslebens jener Jahre.

Ein Gang durch die Kirschblüte gehörte zum Jahr

Moselweiß und Güls, schon immer mit Koblenz eng verbunden, wurden durch die Straßenbahn äußerlich sichtbar an die Stadt angebunden; Güls allerdings nur indirekt, denn die Straßenbahn endete an der Gülser Brücke. Die Gartenrestaurants beider Orte waren beliebt, nicht zuletzt am Weißen Montag, wenn gemäß alter Sitte Familien mit Erst-Kommunikanten ihre Festgäste zum Nachmittagskaffee ausführten. Außerdem gehörte ein Gang durch die Kirschblüte für einen großen Teil der städtischen Nachbarn zu den alljährlichen Selbstverständlichkeiten. Koblenzer Jungen verliefen sich manchmal im Mai nach Güls: Wenn sie an der »Metternicher Eul« Maikäfer gesucht (und gefunden) hatten und dabei ein Stück moselaufwärts geraten waren.

Wenigstens zwei Ereignisse müssen in Erinnerung gerufen werden; ein erfreuliches und ein trauriges: Im September 1932 wurden bei Renovierungsarbeiten in der Moselweißer Laurentiuskirche wertvolle Wandmalereien und eine Krypta entdeckt. Vier Monate vorher, am 16. Mai 1932, war Güls von einem schweren Unwetter heimgesucht worden.

Von dieser Wolkenbruch-Katastrophe am Pfingstmontag waren auch andere Ortschaften an der Untermosel und am Mittelrhein betroffen; Gärten, Äcker und Weinberge waren verwüstet. In Güls aber kamen fünf Menschen ums Leben: eine junge Mutter (Frau Flöck) mit ihren vier Kindern. In einem Bericht der Volkszeitung über das Unwetter heißt es: »Die Katastrophe ist mit solcher Schnelligkeit und in wohl nie so dagewesenem Ausmaß über den Moselflecken und die anderen Orte hereingebrochen, daß die Bewohner es kaum fassen können. Metertiefe Furchen haben die Fluten in die Straßen und Gassen gerissen. Das Unwetter hatte gegen 18.30 Uhr begonnen. Die Stadt Koblenz blieb ziemlich verschont. In Güls konnte das Wasser nicht schnell genug abfließen. Zunächst hatte der Abfluß funktioniert. Plötzlich jedoch trat eine Stauung ein. Die Wasserrinnen zu beiden Seiten der Teich- und der Bachstraße standen mit einem Mal voll, und das Wasser stieg in wenigen Augenblicken bedenklich hoch. Aus dem nahen Mühlenbach brechen die Fluten mit unwiderstehlicher Gewalt über den Ort. Zwei bis drei Meter hoch türmen sich die grau-gelben schmutzigen Lehmfluten. In der Teichstraße, die mit der Bachstraße am schwersten betroffen ist, sind zwei Häuser glatt weggeschwemmt worden.«

Blick auf Güls (rechts) und Moselweiß am Anfang des 20. Jahrhunderts

Endstation der Koblenzer Straßenbahn in Niederlahnstein um 1910. Seit 1931 fuhr die Straßenbahn bis Oberlahnstein

Hinter Horchheim begann Hessen-Nassau

»Moddä, soll ich dä Tubak pombe?« (Mutter, soll ich den Tabak pumpen?) Ein Oberlahnsteiner Junge rief diesen Satz von der Straße herauf. Die Mutter tat so, als ob sie nichts gehört hätte und nicht gemeint wäre; denn wer »pumpen«, also beim Kaufmann anschreiben ließ, wollte nicht unbedingt, daß es allen Nachbarn laut verkündet würde.

Das Zitat soll nicht den Eindruck erwecken, als ob in Lahnstein besonders viel »gepumpt« worden wäre. Es soll vielmehr nur ein Beispiel für die Sprache der Nachbarn an der Lahnmündung gegenüber von Kapellen-Stolzenfels sein. Sieben Kilometer Entfernung – und eine andere Mundart. Hinter Horchheim war, und ist, Schluß mit dem Rheinischen; dort begann damals Hessen-Nassau.

Die Besiedlung zwischen Koblenz und Lahnstein war lockerer; lockerer als die menschlichen Beziehungen hin und her, die sich in Ehen, Freundschaften, sowie in wechselseitiger Berufstätigkeit ausdrückte.

Im Februar 1909 erlebten Ober- und Niederlahnstein eine Hochwasserkatastrophe. Nach harten Winterwochen war über Nacht das Wetter umgeschlagen. Die Eisdecke auf dem Fluß explodierte geradezu, und von der Oberlahn näherte sich mit einer Geschwindigkeit von fünf Metern in der Sekunde eine acht Meter hohe Flutwelle. Die Fußgängerbrücke zwischen Ober- und Niederlahnstein mußte gesperrt werden. Die Ufer wurden unterhöhlt und teilweise weggespült. Der Aufmerksamkeit des Bahnbeamten Rickenberg ist es zu verdanken, daß nicht ein Zug mit mehreren hundert Menschen in den Fluß gestürzt ist. Rickenberg hatte gesehen, daß die letzten Wagen des Nord-Süd-Expreß Hamburg–Genua beim Passieren der Lahnbrücke ins Schleudern geraten waren. Es gab keinen Zweifel, daß die Eisenbahnbrücke unter dem Druck der Flut schwankte. Der Beamte wußte, daß wenig später von Oberlahnstein her ein D-Zug nach Dortmund kam; eine schreckliche Katastrophe zeichnete sich ab. Rickenberg lief über die schwankende Brücke zum Streckentelefon und rief von dort aus die nächste Blockstelle an. Das Geräusch des sich nähernden D-Zuges war schon zu hören – da fiel das Signal, das die Durchfahrt freigegeben hatte, auf »Halt«. Unter lautem Kreischen der Bremsen kam der Zug zum Stehen: wenige Meter vor der Lahn. Der mittlere Pfeiler der Brücke hatte sich geneigt; sein Untergrund war weggespült.

Nach ein paar Tagen verlief sich die Flut. Das ganze Ausmaß des Schadens wurde deutlich: eine Steinkrippe unter der Fußgängerbrücke war weggespült, die Landzunge am Hafenkopf verschwunden; die Geröllmassen waren so weit in den Rhein getragen worden, daß für die Schiffe nur eine schmale Fahrrinne blieb. Die alte Eisenbahnbrücke wurde abgerissen, zunächst eine Notbrücke aus Holzstämmen errichtet, dann wurde eine neue gebaut, über die 1911 der erste Zug rollte.

Koblenzer und Lahnsteiner Spaziergänger schätzten gleichermaßen die Ruppertsklamm für eine ausgedehntere Wanderung. Ein vorwiegend von Lahnsteinern besuchter Wallfahrtsort war die Kirche auf dem Allerheiligenberg, mit einem schönen Blick über die Lahnmündung ins Rheintal. Um Ostern spazierten Eltern und Großeltern gern mit ihren Kindern und Enkeln von Oberlahnstein aus zur Josefskapelle. Sie war eigentlich nur ein Ziel, an dem eine Verschnaufpause eingelegt werden konnte. Unterwegs aber wurden Ostereier gesucht; ein bescheidenes Vergnügen, das von Generation zu Generation weitergegeben wurde.

In dem kalten Winter 1929 war die Lahn an der Mündung zugefroren. 1909 hatte es hier eine Hochwasserkatastrophe gegeben

1927: Neue Glocken für die Oberlahnsteiner Martins-Kirche. Links die Martinus-Glocke, mit 114 Zentnern die größte Glocke am Mittelrhein. Die evangelische Kirche von Oberlahnstein erhielt zur gleichen Zeit ebenfalls ein neues Geläute

Oben: Der Schwanenteich am Oberwerth in einer Aufnahme aus dem Jahre 1937. – Unten: Schloß Stolzenfels. Wer Spaß daran hatte, konnte auf einem Esel hinaufreiten

Majestätischer Rhein
Zuversichtliche Rheinländer

Der Kreis schließt sich. Am Rhein haben die Erinnerungen begonnen – am Rhein enden sie. Auf den drei Fotos der beiden letzten Seiten zeigt sich ein anderer Strom, als der an den Ufern der Stadt; ohne jede Betriebsamkeit, aber voller Leben und Spannung, eine in sich ruhende kraftvolle Landschaft.

Das Foto oben hat den Charakter eines Gemäldes: der Schwanenteich oberhalb der Lache; stilles, ein wenig abgestandenes Wasser; Romantik – auch dies ist ein Stück Rhein. Vor dem zweiten Weltkrieg konnte es ruhiger und dadurch intensiver gesehen, erlebt werden.

Kapellen-Stolzenfels mit dem 1254 erbauten, 1688 zerstörten und 1836–1842 durch König Friedrich Wilhelm IV. neu aufgebauten Schloß Stolzenfels gehörte damals noch nicht zu Koblenz, aber es war eng mit der Stadt verbunden. Nicht so sehr das preußische Königshaus sorgte für diese Verbin-

Rheinlandschaft oberhalb von Koblenz

dung, sondern mehr die raffinierte Idee, daß man auf einem Esel den Berg hinauf zum Schloß reiten konnte. Die Eselei wirkte anziehend.

Das letzte Bild des Buchs zeigt den Strom, etwa auf der Höhe der Königsbach, in einer Abendstimmung, die ihn friedlich, stark und majestätisch zugleich erscheinen läßt: der Rhein, so wie er war und ist – einzigartig unter den deutschen Flüssen.

Am Ende des Buches soll an Menschen erinnert werden, die aus dieser Landschaft, aus Koblenz hervorgegangen sind, die hier und anderswo gewirkt haben, die sich um die Stadt bemüht haben. Einige sind schon in bestimmten Zusammenhängen genannt. Der berühmte Physiker Max v. Laue ist hinzuzufügen, der am 9. Oktober 1879 in Pfaffendorf geboren (und am 24. April 1960 gestorben) ist. Ferner der Arzt Dr. Fritz Michel; er hat sich um die Erforschung der Geschichte und der Kunstgeschichte des Koblenzer Raums große Verdienste erworben. Fritz Michel, 1877 in Niederlahnstein geboren, war 42 Jahre lang als Arzt – 20 davon als Chefarzt – im Evangelischen Stift tätig. Mit gleichem Eifer hat Dr. Hans Bellinghausen in der Geschichte der Stadt geforscht. Die Ergebnisse seiner Arbeit sind in zahlreichen Artikeln und mehreren Büchern niedergelegt.

Auf ganz andere Weise hat sich Josefine Moos um ihre Vaterstadt bemüht: Die Verwandte Ludwig van Beethovens pflegte in Gedichten die Koblenzer Mundart, und es ist ihr gelungen, diesen eher derben Dialekt wenigstens gelegentlich lyrisch einzufärben.

Die Suche nach überragenden, nach großen Koblenzern ist im 19. Jahrhundert ergiebiger als im zwanzigsten. Nicht in jedem Jahrzehnt, auch nicht in jedem Jahrhundert bringt eine Stadt Persönlichkeiten wie Josef Görres, August Reichensperger (1808–1895), Kardinal Philipp Krementz, Johannes Müller, Friedrich Mohr, Henriette Sontag, Simon Meister oder Peter Joseph v. Lindpaintner hervor. Doch eine Stadt lebt nicht nur von den Großen, sondern von der Energie, vom Engagement, auch von der Zuneigung ihrer Bürger.

★

In und um Koblenz hat sich seit 1939 viel geändert. Der schmerzliche Verlust zahlreicher Bauwerke, der damit verbundene Einbruch in die Tradition sowie ein zunächst zwangsläufig eiliger und nicht in jeder Phase glücklicher Wiederaufbau haben den Sinn geschärft für die verbliebenen Schönheiten der Stadt und für das, was von ihrem Wesen trotz allem überlebt hat. Die Hoffnung und die Zuversicht der Rheinländer waren stärker als alles, was der Stadt zugefügt worden ist.

Quellen-Nachweis

Max Bär »Geschichte der Stadt Koblenz«
Hans Bellinghausen »2000 Jahre Koblenz«
Dari »Coblenz«
Denkschrift zur Jahrhundertfeier der evangelischen Gemeinde Coblenz
Erich Franke »Koblenzer Kostbarkeiten«
»Koblenz und sein Katholischer Leseverein«
»Koblenz einst und jetzt«
Koblenzer Generalanzeiger
Koblenzer Volkszeitung
Koblenzer Nationalblatt
Fritz Michel »Die Kunstdenkmäler der Stadt Koblenz«
Mitteilungen des Rheinischen Vereins für Denkmalpflege und Heimatschutz
G. Reitz »Elfhundert Jahre St. Kastor«
Wilhelm Treue »Deinhard – Erbe und Auftrag«
Woerl »Koblenz«
Emil Zenz »Geschichte der Stadt Trier«

Foto-Nachweis

Hans Bellinghausen
Bundesarchiv
Evangelisches Gemeindeamt
Mittelrhein-Museum
Musikinstitut
Rheinisches Bildarchiv
M. Stiebel
Heinrich Wolf
Privat